Jürgen Kron

Glücksorte
im
Weltall

Heb ab & werd glücklich

Dieses
Glücksbuch
ist für

Liebe Glücksuchende,

Zum Glück gibt es viel zu sagen, denn es ist ein Gestaltenwandler. Wie ein Eichhörnchen taucht es plötzlich auf, lässt sich nicht streicheln, schwirrt kurz durch die Bäume und Wiesen des Lebens und ist auch schon wieder verschwunden. Fangen sollte man es nicht, aber wenn man charmant ist, legt man ihm ein paar Nüsse hin, dann kommt es häufiger vorbei.

80 Gestalten des Glücks findet man in diesem Buch. Manche davon sind unerwartet, denn wer vermutet es schon in der vergitterten Spiralgalaxie Topsy-Turvy oder auf dem verregneten Alpha Muscae im Sternbild der Fliege? Auf anderes muss man sich etwas näher einlassen, so etwa auf das Glück, etwas nicht zu verstehen oder sich einen Bären aufbinden zu lassen – was vorzüglich auf Kochab, dem zweithellsten Stern im Sternbild des Kleinen Bären gelingen sollte. Aber natürlich findet man auch Sonnenuntergänge, Strandtage, Flohmärkte und den Weihnachtsmann im Weltall. Einiges ist einen Steinwurf entfernt, für anderes muss man etwas länger reisen, aber als Weltraumtourist trifft man leicht angenehme Gesprächspartner, mit denen ein paar Hundert Lichtjahre wie im Flug vergehen. Manche Fotos sind etwas verwackelt, aber so ist es, wenn gerade beim Knipsen ein Sternensturm aufkommt. Andere Motive waren schwer zu bebildern – der n-dimensionale Raum ist ebenso unfotogen wie ein Schweige-Retreat im Schwarzen Loch, ganz zu schweigen von den Zeitreisen im Wurmloch von Murzim. Dafür gibt es auch einige sehr geglückte Aufnahmen, etwa vom Orakel auf Beta Arae oder Al Skywalker in seinem Garten.

Ihr Jürgen Kron

Deine Glücksorte ...

...noch mehr Glück für dich

Sich einen Bären aufbinden

Kleines Glück im Sternzeichen des Bären

Auf Kochab, dem zweithellsten Stern im Sternzeichen des Kleinen Bären, gibt es im Zoo die Möglichkeit, sich einen Bären aufzubinden. Zunächst muss man dazu durch einen waghalsigen Sprung ins Gehege gelangen und sich einen etwas leichteren Bären aussuchen. Unabdingbar ist es nun, ziellos herumzustreifen, bis nach einer Weile die Bären es als überflüssig erachten, den Eindringling zu beargwöhnen. Schließlich nähert man sich wie zufällig und ganz nebensächlich dem ausgewählten Bären und versucht, sich an ihn zu lehnen. Bären mögen es, wenn man sich an sie lehnt. Alsbald beginnt man damit, ihm seinen Rückenpelz zu kraulen und zu kratzen. Schon bald wird er seinen Körper lang und seine Tatzen weit von sich strecken.

Solches gilt es zu nutzen, um mit dem präparierten und sorgfältig vorgeknoteten Seil eine große Schleife zu bilden, diese sogleich um den Körper des Bären zu werfen und sodann unter seinen Achseln, wo Bären üblicherweise ohnehin ihre Jungtiere hochheben, zu positionieren und leicht festzuziehen. Mit derselben Bewegung wirbelt man daraufhin in solcher Weise herum, dass der eigene Rücken sich am Bärenrücken reibt, zieht unverzüglich das Seil straff zusammen, bis der Bär fest an den eigenen Körper gefesselt ist, und hebt ihn schließlich mit einem Schwung vom Boden.

Mit leicht auseinandergespreizten Beinen geht man dann kurz durch das Gehege und an den anderen, vermutlich verwirrt dreinblickenden Tieren vorbei. Rasch muss man danach das Seil wieder lösen und den kleinen Bären aus seiner misslichen Lage befreien.

Verblüfft und ohne Gegenwehr wird er sich zunächst auf den Boden des Geheges setzen und mit einem unsicheren Blick sein Gegenüber mustern. Eine kleine Entschädigung für den Schreck, etwa in Form von einem Honigbonbon, ist nun angebracht und wird von ihm freudig entgegengenommen. Dann, mit einer vorbereiteten Strickleiter, flieht man geschwind aus dem Gehege. Denn Bären mögen es gemeinhin nicht, wenn man sie sich aufbindet. Und schon gar nicht im Sternzeichen des Kleinen Bären.

TIPP

Von Mai bis Juli ist Paarungszeit, diese Monate besser meiden.

Milchstraße Delta Tour

Das Weltall wartet auf Dich!

Die Milchstraße fasziniert durch ihre zahlreichen Spiralarme, Protosterne und die eindrucksvollen Halos, die sie galaxisweit umgeben. Eine Tour durch diese vielfältige Scheibe gehört zu den Höhepunkten jeder Weltraumreise und ist bei verschiedenen Anbietern im Programm. Es gibt zwar auch Tagestrips, einen richtigen Eindruck erhält man allerdings nur, wenn man mindestens drei Tage durch das verschlungene Delta der aus einigen Hundert Milliarden Sternen bestehenden Galaxie tourt.

Ein guter Ausgangspunkt ist Sagittarius A, der relativ nahe am Zentrum der Milchstraße liegt. Dort wird man im Hotel abgeholt und fährt mit einem meist ziemlich klapprigen Spaceshuttle erst einmal in einer stark elliptischen Bahn in Richtung des zentralen Schwarzen Lochs.

TIPP

Für Mutige: Unter Wasser aus dem Boot springen und sehen, was passiert.

Hier kann man eine himmlische Ruhe genießen und sich auf die weitere Fahrt einstimmen. Wer möchte, kann einen Spaziergang im Radiowellenbereich machen oder am Magellanschen Strom sitzen und die Fauna und Flora auf sich wirken lassen.

Am zweiten Tag geht es zumeist durch einige Gammastrahlen emittierende Blasen, die aus der Mitte der Milchstraße in Richtung der Triangulum-Galaxie blubbern. Sehr eindrucksvoll sind die Bootsfahrten dort, denn aufgrund verschiedener Gravitationsstörungen fährt das Boot nicht auf dem, sondern unter Wasser und man kann so die Fische direkt an sich vorbeigleiten sehen.

Den Abschluss jeder Tour bildet eine Schlittenfahrt durch den Bulge. Der Schnee ist angenehm warm, und wenn man dann in einer Schussfahrt auf den gefrorenen Herbig-Haro-See saust, glaubt man das ganze Weltall in den Armen zu halten. Kaum auf dem See, schmilzt das Eis, und man sinkt auf den Grund. Dort befindet sich ein wuseliger Wassermarkt, über den man stundenlang schlendern kann.

Übernachtet wird meist in Kugelsternhaufen, und wer möchte, darf dem Koch zur Hand gehen und erfährt nebenbei noch einiges über die kulinarischen Geheimnisse der Bulge-Küche. Zurück im Hotel sollte man das Trinkgeld für den Guide nicht vergessen – viele Familien leben davon.

Mama Kosmos

3

Essen im Tafelberg

Der Tafelberg ist ein kleines, unauffälliges Sternbild am Südhimmel, das keinen einzigen Stern enthält, der heller als die 5. Größenklasse ist. Da es allerdings am Rand der Großen Magellanschen Wolke liegt, ist es für viele Touren dorthin der ideale Ausgangspunkt. Daher findet man in diesem Sternbild Hotels in jeder Preisklasse und Restaurants von Low Budget bis zu interkosmischer Sternenküche.

Nun sollte ein Text folgen, der das wundersame Restaurant Mama Kosmos direkt am Spacehafen feiert. Nur: Der Lektor fand das ziemlich, ich zitiere, „langweilig". Ich solle besser etwas über Außerirdische schreiben, die es dort gäbe – am besten solche mit Tentakeln und witzigen Auswüchsen! Als würden Außerirdische im Sternbild Tafelberg leben. Allerdings sind ziemlich viele Helvelusier im Mama Kosmos zu Besuch, aber die sehen bekanntlich eher wie Südafrikaner aus. Und tatsächlich verdankt das Sternbild seinen Namen der Tatsache, dass der französische Astronom, der ihn benannte, sein Observatorium bei Kapstadt und mit Blick auf den dortigen Tafelberg hatte. Gleich und gleich gesellt sich gern.

Außerdem hat die Köchin im Mama Kosmos früher in Kapstadt gearbeitet, und zwar – es gibt keine Zufälle im All – im Restaurant Mama Afrika! Dort wird ein Menü serviert, bei dem die unterschiedlichsten Gerichte aus ganz Afrika aufgetischt werden.

Und was bietet sie nun im Mama Kosmos an? Es gibt nur ein Gericht auf der Karte, das allerdings aus 88 Gängen besteht – so viele, wie es Sternzeichen am Himmel gibt. Und tatsächlich: Jeder Gang stammt von einem anderen Sternzeichen, sodass man sich im Laufe des Abends einmal durchs Universum schlemmen kann. Vom „Achterdeck des Schiffs" kommen Puppis als Vorspeise, vom „Fliegenden Fisch" kross gebratene Volans mit einer Beta-Volantis-Creme, zum Nachtisch werden neben anderen Leckereien Corona Australis von der „Südlichen Krone" gereicht. Den Abschluss bildet ein Circinus, der am Tisch flambiert wird und vom Sternzeichen „Zirkel" kommt. Und das soll langweilig sein!

TIPP
Zur Einstimmung erst mal nach Kapstadt reisen.

Im Hotel auf Sco X-1

4

Heiße Reisen zu Neutronensternen

Neutronensterne galten lange Zeit als touristisch völlig unbrauchbar. Mit Temperaturen von einigen Milliarden Grad Celsius sind sie zum Zeitpunkt ihrer Entstehung durchaus wärmer als unsere beliebte Sonne, die an der Oberfläche gerade mal 6000 Grad entwickelt, oder als Vulkanlava mit ihren rund 500 bis 1000 Grad. Auch wenn sie in den folgenden tausend Jahren etwas abkühlen, holt man sich rasch einen Sonnenbrand, wenn man keinen ordentlichen Sonnenschutz aufträgt. Dazu kommt noch ein Magnetfeld, das sich nicht mit den Magneten auf einer Kühlschranktür vergleichen lässt – die Stärke wird in Gauß gemessen und hat 12 Nullen hinter der Eins. Wer da sein Handy ablegt, hat Schwierigkeiten, es wieder in die Badetasche zu packen.

Solche Herausforderungen wurden allerdings auf anderen Sternen auch gelöst. Eine Sache stellte die Touristiker aber vor richtige Probleme: das Rotationsverhalten der Neutronensterne. Manche von ihnen schaffen es, sich rund 700-mal in der Sekunde um sich selbst zu drehen, und auch hier ist ein Vergleich angebracht: Die Trommel einer Waschmaschine schafft gerade einmal 700 Umdrehungen in der Minute. Auch wenn Neutronensterne nicht besonders groß sind und ein Rundgang auf ihrem Äquator in etwa so lange dauert wie die Umrundung von Frankfurt, fällt es selbst erfahrenen Raumfahrern schwer, bei diesem Tempo den Magen unter Kontrolle zu halten und nicht wie ein betrunkener Affe über den Stern zu schwanken.

Seit einigen Jahren führen allerdings einige Spezialanbieter zumindest einen Besuch des Sekundärsterns und der Akkretionsscheibe in ihrem Angebot. Bei Catch-the-Neutrino-Reisen kann man eine Fahrt zu Sco X-1 und seinem Sekundärstern im Sternzeichen des Skorpions buchen. In der Hotelanlage lässt sich der Massentransfer zwischen beiden gut beobachten, und wer möchte, kann sich eine Röntgenbrille aufsetzen. Um bei den Superlativen zu bleiben: Die Röntgenstrahlung von Sco X-1 ist ebenfalls millionenfach höher als die unserer Sonne. Also beim Arzt angeben, wenn der eine Röntgenuntersuchung vorschlägt!

TIPP

Zur Vorbereitung eine Weile einer Waschmaschine im Schleudergang zusehen.

Ein Planet voll Glück

5 Mini-Glücksorte auf dem Merkur

Bekanntlich hatte die Glücksorte-Bewegung ihren Ursprung auf der Erde und entwickelte sich von dort aus rasant durch das ganze All bis hin zum Urknall – und wer weiß, eines Tages vielleicht auch darüber hinaus. Zum Start der Reihe trafen sich auf Einladung des Verlags die ersten Autoren zu einem Sommerfest auf dem Merkur, und daraus entwickelte sich im Laufe der Zeit ein großes Festival der Glücksorte mit zahlreichen Lesungen, Workshops und geselligem Beisammensein. Fans aus dem ganzen Weltall strömen inzwischen hier zusammen, um das Glück zu feiern und ihre berühmten Autoren einmal leibhaftig zu treffen. Es gibt eigene Lesezelte für die Verfasser der blauen oder grünen Glücksorte, und nicht selten trifft man auch ein paar Autoren der „… für die Seele"-Reihen – gerade der Band „Wandern für die Seele auf dem Merkur" erfreut sich großer Beliebtheit unter den Besuchern, und immer wieder müssen ein paar Rettungskräfte ausschwärmen, um ungeübte Wanderer aus dem ein oder anderen Canyon zu holen.

TIPP

Wer die Erstausgabe der „Glücksorte im Weltall" mitbringt, hat kostenlosen Eintritt während des Festivals.

Ein Besuch auf dem Merkur lohnt sich jedoch nicht nur während der Festivaltage. Bereits während eines der ersten Festivals baute der Verlag einige der beliebtesten Glücksorte en miniature nach, und seitdem kamen jedes Jahr ein paar weitere dazu. Eine Hamburger Buchhandlung, eine Tempelanlage aus Myanmar, ein paar Bäume vom Silberwald auf Brachium – all dies und vieles mehr lässt sich bei einem Spaziergang erkunden und erleben. Wer eine Reise zum richtigen Restaurant am Ende des Universums scheut, kann es hier besuchen und sich wie ein Fernreisender fühlen.

Besonders liebevoll wurde die Düsseldorfer Altstadt samt den Verlagsräumen nachgebaut. Dort sieht man die noch recht einfachen ersten Plakate, mit denen zunächst für die Glücksorte geworben wurde, und man findet Nachdrucke von Prospekten, deren Originale schon längst in Museen liegen. Ein Ort für Nostalgiker, aber auch einer, an dem das Glück ein Zuhause gefunden hat.

Das Orakel von Beta Arae

Wahrsagen unter azurblauem Himmel

Kaum jemand würde vermuten, dass Beta Arae ein Roter Überriese der Spektralklasse K ist, besticht er doch vor allem durch einen azurblauen Himmel und ein leicht türkisfarbenes Meer, in dem sich allerlei Inseln tummeln. Dieser hellste Stern im Sternzeichen Altar ist außerdem ziemlich langsam und braucht für eine Rotation um sich selbst rund zwei Jahre – wer also mal so richtig Sonnenbaden und danach zwei Erdenjahre lang durchfeiern möchte, ist hier genau richtig. Nicht zufällig findet auf seiner Nordseite die größte Full-Moon-Party des Universums statt.

Und wenn es dann wieder Tag wird und die verschwitzten Leiber sich beruhigt haben, steht natürlich ein Besuch beim berühmten Orakel von Beta Arae an. „Probleme lösen sich nicht auf, sondern ab!", prophezeite es einst den ersten Sternfahrern, die es in einer kleinen Höhle oberhalb eines Wäldchens aufsuchten. Und wie recht das Orakel damit hatte.

TIPP

Falls der Orakelspruch „42" lautet, nicht nach der passenden Frage suchen.

Man muss sich Wochen vorher anmelden, aber es lohnt sich. Am Eingang wird man von ein paar Einheimischen empfangen, die aus Folklore eine Tunika tragen und sich Blumen und Kräuter ins Haar geflochten haben. Man wird rituell gereinigt, zum Glück nur im Gesicht und an Händen und Füßen. Dann geht es auf einem weichen Waldweg ein paar Hundert Meter bis zur Höhle. Dort erhält man ein paar Anweisungen, wie man sich verhalten soll – nie dem Orakel in die Augen sehen!

Hat das Orakel gesprochen, geht es auf demselben Weg zurück. Am Eingang werden schließlich eine Urkunde mit dem Orakelspruch überreicht und ein paar Blumen und Kräuter ins Haar gestreut. So bekränzt fühlt man sich für mindestens einen Tag wie ein Wissender und ist davon überzeugt, die Frage nach dem Leben, dem Universum und dem ganzen Rest beantworten zu können.

Dieses Gefühl lässt nach ein paar Tagen nach, aber der Orakelspruch begleitet den Eingeweihten immerhin ein Leben lang. Meiner lautet: „Nicht jeder, der sich vor die Säue wirft, ist eine Perle." Hmm.

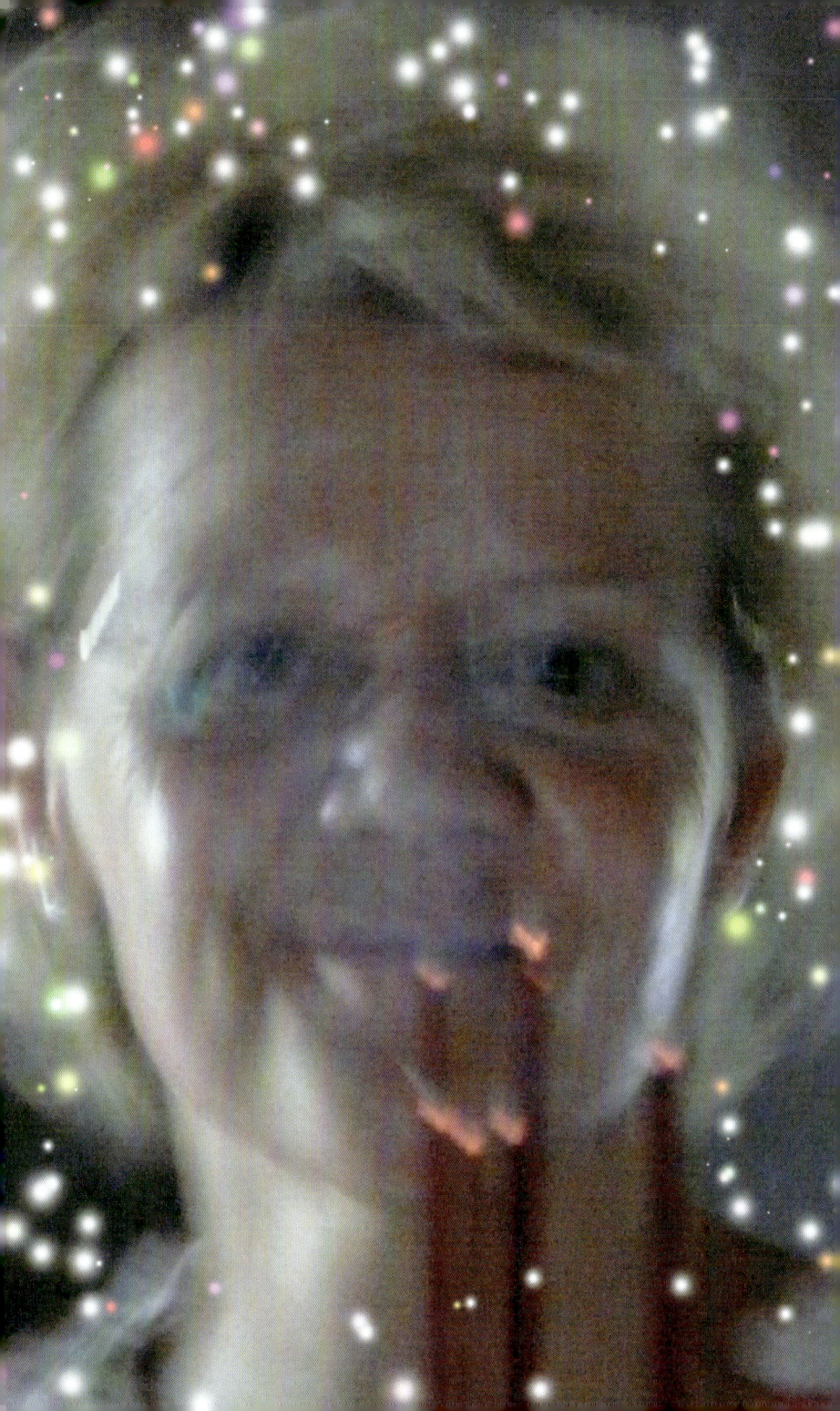

Lob der Fernbedienung

7 ## Actionkino auf Alpha Lupi

Ein perfekter Fernbedienungssessel, auf dem ich sitze, alle Tasten so, dass die Finger gedankenfrei hin und hier schweben. Eben noch die Kreutzer-Sonate von Beethoven gehört, davor ein paar Golfschläge gegen einen Mitspieler auf Rigel gemacht, jetzt rasch rüber zum neuen Actionthriller mit Men Kakkab.

Plötzlich füllt sich das Zimmer, eine Frau stürzt herein. Ihr Blick macht klar, dass wir sofort flüchten müssen. Kaum aus der Tür, fallen ein paar dunkel gekleidete Typen aus dem Fernseher. Bevor sie uns sehen, ab durch den Flur, in die Küche und dort aus dem Fenster. Zum Glück sind wir im ersten Stock, ich falle ins Blumenbeet.

Die Frau sieht mich an, rehbraune Augen, blonde Locken, kleiner als ich. Sehr durchtrainiert. Sie hält einen Finger vor den Mund, ich bin still. Dann nickt sie nach rechts, ich folge ihr. Neben der Haustür steht eine Yamaha Fazr 1000, silberfarben, der Motor wartet auf uns. Ich am Lenker, sie hinter mir, engumschlungen. Anscheinend kenne ich den Weg; noch bevor die Maschine sich in die Kurve legt, biege ich schon ab. Eine Landstraße, wenig Verkehr. Als ich anhalten möchte, um mit ihr zu reden, sehe ich im Rückspiegel zwei Motorräder und beschleunige wieder. Sie kommen näher. Vor mir eine Kreuzung, ein Lastwagen, keine Chance, zu bremsen. Wir schlittern unter ihm durch, hinter mir höre ich etwas splittern. Nur noch ein Verfolger.

TIPP

Man kann auch eine Romantik- oder Liebessendung buchen.

Eine Abzweigung, eine enge Straße, ich weiche Fußgängern aus. Wir kommen an ein Pier, gerade legt ein Schiff ab. Ich beschleunige, steuere auf eine Rampe zu, wir heben ab, landen auf dem Schiff, ich bremse hart. Kein Mensch an Bord. Am Pier sehe ich unseren Verfolger, der sich suchend umsieht.

Die Frau hält wieder den Finger vor den Mund, nimmt mich an der Hand und führt mich zu einer Luke. Dahinter ein dunkelbraun getäfelter Gang, am Ende eine Tür, überwachsen mit Algen. Ich öffne sie. „Käpt'n Ahab!", rufe ich verblüfft.

Die berühmten Fernbedienungssessel auf Alpha Lupi sind immer eine Reise wert.

Für französische Momente

Das „Café zur unsichtbaren Barriere"

Wer zufällig an einem Sonntagvormittag im Zentrum der Milchstraße einen kleinen Bummel macht, sollte dem „Café zur unsichtbaren Barriere" einen Besuch abstatten. Es wird von einer Französin geführt, deren Mann ein ausgezeichneter Patissier ist und auch ansonsten das Bäckereihandwerk hervorragend beherrscht. Man findet dort ebenso die unterschiedlichsten Viennoiseries von Croissant bis Brioche, vor allem ein hervorragendes Pain aux raisins, natürlich auch Madeleines, Baguette in jeder Form und selbstredend Mille-feuilles, die von ihm zehnmal gefaltet wurden.

Vor allem aber gibt es dort die besten Anti-Gravity-Cakes, seit der Urknall genug Hitze erzeugte, um einen Backofen in Gang zu setzen. Seine Bäckerei befindet sich dafür mitten in der mysteriösen Barriere, die sich rund ums Zentrum der Milchstraße gebildet hat. Bekanntlich wird dort das galaktische Meer der Strahlung massiv ausgedünnt, während umgekehrt die vom zentralen Schwarzen Loch erzeugte Strahlung ungehindert nach außen passieren kann. Der Effekt ist beeindruckend: Seine Cakes sind auf der einen Seite kalorienarm und auf der anderen ziemlich farbenfroh mit allerlei Gamma- und sonstigen energetischen Strahlungen. Und weil er ein französischer Patissier ist, nutzt er die fehlende Schwerkraft natürlich auch für allerlei Schabernack. Manche Cakes sehen aus wie das Gammastrahlenteleskop Fermi LAT, andere wie ein kleiner Pulsar oder ein Strom aus harter Strahlung. Na ja, bevor er Bäcker wurde, studierte er ein paar Semester Raketenwissenschaft. Leider lassen sich die Cakes nicht fotografieren, denn wenn harte Strahlung auf die Linse trifft, trübt sie sich spontan ein.

Bevor man geht, sollte man sich im Laden noch einmal umsehen. Neben den Backwaren gibt es ein kleines Sortiment, mit dem man sich einen französischen Tag nach Hause holen kann. Maronencreme in Tuben oder Jahrgangssardinen gehören ebenso dazu wie eingelegter Knoblauch und Bouillabaisse in Flaschen. Kurzum: ein Stück Frankreich mitten im Zentrum der Milchstraße!

TIPP

Sich auf einen der wackeligen Stühle vor dem Café setzen: Frankreich pur!

Ewige Jugend

9 Kurzurlaub am Schwarzen Loch

Der beste Jungbrunnen ist ohne Frage ein Kurzurlaub am Schwarzen Loch: Schon nach ein paar Stunden sind alle Bekannten und Freunde um Jahre gealtert, man selbst aber ist frisch wie ein Frühlingstag. Der Grund: Wie schon Einstein bewiesen hat, ist die Zeit relativ. Und je näher man einem Schwarzen Loch kommt, umso langsamer vergeht sie im Vergleich etwa zur Zeit auf der Erde. So können schon fünf Minuten dort dafür sorgen, dass man flotte fünf Jahre jünger ist als der Freundeskreis. Der einzige Nachteil: Man muss für die fünf Jahre auch die Miete zahlen. Aber wenn man Glück hat, sind in der Zwischenzeit die Aktienkurse gestiegen und es gleicht sich wieder aus.

Solche Touren sollte man allerdings nur mit vertrauenswürdigen Anbietern durchführen. Kommt man dem Schwarzen Loch zu nahe, bleibt

TIPP

Hendrick's Gin mit einer Gurkenscheibe bestellen! Die Gravitation schwingt lindgrün.

die Zeit fast ganz stehen, und wenn man nach der Rückkehr seinen Nachbarn von der Reise erzählen möchte, ist die Wohnung längst neu vermietet oder abgerissen, und statt eines Sektempfangs findet man verwitterte Grabsteine mit unleserlichen Inschriften vor. Kurzum: In fünf Minuten dort können im Rest des Universums halt auch mal 500 Jahre vergehen, und schon fühlt man sich wie Lonesome George, die letzte Pinta-Riesenschildkröte auf den Galapagosinseln.

In der Hoffnung, dass die Aktienkurse besonders rasant steigen, sollte man daher nicht am falschen Ende sparen und sich einen Professor für Theoretische Astrophysik als Reiseleiter leisten. Luciano Rezzolla etwa begleitet seit ein paar Hundert Jahren seine Gäste, ist in der Zeit selbst kaum gealtert und garantiert, dass die Kurzurlaube mathematisch perfekt berechnet sind. Möchte man den 40. Geburtstag eines Freundes nicht verpassen, sorgt Rezzolla für eine punktgenaue Rückkehr.

Während der Reise erzählt Rezzolla viele Anekdoten rund um sein Fachgebiet, die Gravitationslehre. Wer wollte nicht immer schon mal wissen, wie die Krümmung der Neutronensterne die Gravitationswellen zum Schwingen bringt oder wie man die Raumzeit am besten bei einem Gin Tonic erträgt?

Om auf Sadalsuud

Wo die Träume bunt sind

Wenn man sich schon einen Bandscheibenvorfall holt, dann am besten in den Backwaters von Sadalsuud. Von dort ist es nicht weit zu einem der heilsamsten Ort der Welt, dem Resort „Age of the Aquarius" in der östlichen Hemisphäre dieses gelben Überriesen. Nicht zufällig kommt der Name des Sterns aus dem Arabischen und bedeutet Glück des Glücks. Nun gut, die Fahrt zum Resort kann etwas ruppig sein, die Straßen sind nicht gepflastert, und die ortsansässigen Krankenwagen neigen dazu, ungefedert und ungewaschen zu sein. Und wenn unter dem Symbol einer durchgestrichenen Zigarette „No somking" steht, weiß man, warum niemand unsere Sprache versteht.

Das Resort ist dagegen ein grünes Paradies, der Arzt ein erfahrener Schamane und das Essen so gesund, dass es schon wieder gut schmeckt.

TIPP

Es gibt auch schwarze Pülverchen, aber nur auf Nachfrage.

Kaum angekommen, wird man untersucht, aber mehr so lässig. Ein Blick in die Augen, eine knappe Irisuntersuchung, und schon ist die Ursache für alles gefunden. Die Bandscheibe wird mit einem weißen Pülverchen behandelt, die Sternschnuppenallergie mit einem blauen, und wer unter Schlaflosigkeit leidet, erhält ein rot-gelb gemischtes, das etwas funkelt. Der eine darf gesundes Essen mit scharfen Gewürzen zu sich nehmen, der andere mehr wässriges Kraut und der Dritte alles ohne Geschmack – es ist erstaunlich, wie schnell man sich daran gewöhnt.

Höhepunkt ist freilich der Stirnguss, bei dem man auf einem bequemen Holzbrett liegt und ein dünner, körperwarmer Strahl goldgelbes Öl genau auf einen einzigen Punkt der Stirn läuft. Man ist danach so entspannt, dass man sich noch nicht einmal massieren lassen möchte. Aber das ist ein Fehler! Massage very good for Bandscheibenvorfall, erklingt es, und tatsächlich: Der Rücken fühlt sich danach an wie ein Moosboden nach einem Sommerregen.

So ist man perfekt eigestimmt für das rot-gelbe Pülverchen, das man eine Viertelstunde vor dem Einschlafen einnehmen darf. Psychedelisch zu nennen, wie man dann in Morpheus' Armen liegt, wäre untertrieben.

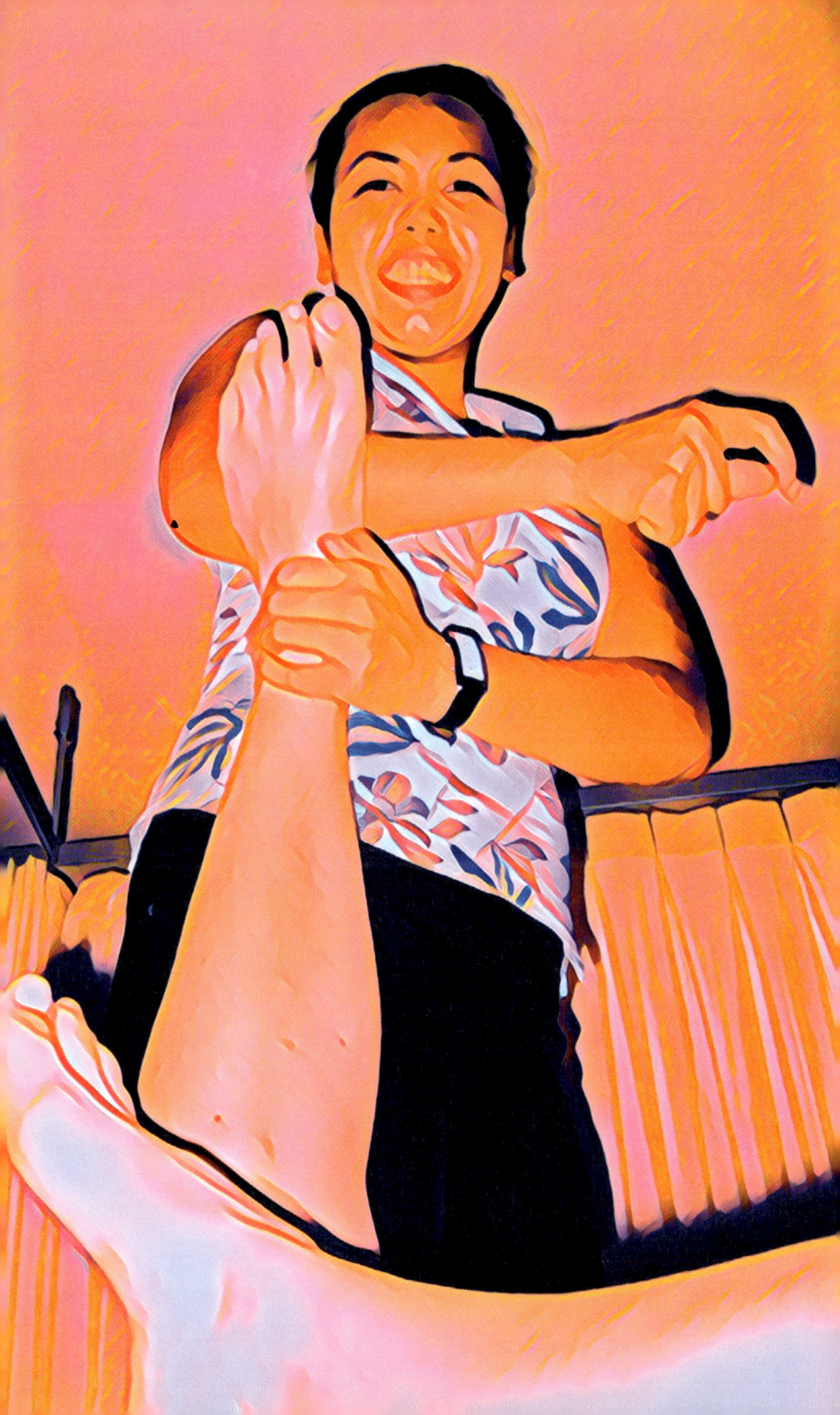

Safari auf Yes Prior

Mit Kamera und Krabbeltieren

„Und morgens immer zuerst die Schuhe ausschütteln!" Denn wenn man es vergisst, kann auch mal ein kleiner Tripion über Nacht sein Bettchen hinter den Schnürsenken gefunden haben. Und wer je von einer seiner possierlichen Klauenpranken gekniffen wurde, weiß, wofür man Kühlakkus brauchen kann.

Von einer Safari auf Yes Prior sollten solche Petitessen aber nicht abhalten, denn eine der erstaunlichsten Tierwelten des ganzen Universums wartet auf diesem Stern dritter Größe, die man am besten auf einer Dreitagetour erlebt.

Erster Tag: mit dem Jeep quer durch den Urwald. Schon bald entdeckt man etwa einen Chrysaliden-Veergundark, der sich träge zwischen den Bäumen schlängelt. Bei seinem Anblick freut man sich, dass der Fahrer über die Fähigkeit verfügt, andere Lebewesen durch seinen Blick zu bezwingen. Zumindest behauptet er das. Manche sind sehr zutraulich und laufen ein paar Schritte neben dem Jeep her, man sollte dann nicht mit Kühlakkus nach ihnen werfen.

TIPP

Gefräßige Drexel sind sehr ungelenkig, hinter ihnen ist man in relativer Sicherheit.

Zweiter Tag: zu Fuß durch die Wüste. Vorher gibt es klare Anweisungen vom Guide, so soll man etwa den Tieren nicht direkt in die Augen sehen. Und wenn sich ein paar gefräßige Drexl nähern, soll man die Gruppe nicht verlassen – sie mögen es, die Schwächsten zu jagen. Besser soll man sich darauf verlassen, dass auch dieser Guide über die Fähigkeit verfügt, Tiere mit seinem bloßen Blick zu bezwingen.

Dritter Tag: Fahrt mit dem Boot durch das Delta, um ein paar Wasserschlangen zu beobachten. Mit etwas Glück entdeckt man ein Sando-Aqua-Monster – und mit noch mehr Glück verfügt der Steuermann über eine Fähigkeit, mit seinem Blick … Zum Abschluss wird man in ein Kanu gesetzt, um über einen kleinen Fluss zu schippern. Die Hand sollte man dabei besser nicht ins Wasser tauchen, denn Crolute mögen es nicht, wenn man über ihren Kopf hinwegschippert.

Am Ende der Tour darf man dann einen Cocktail genießen und über die weite Savanne blicken. Ist das dort hinten nicht ein Canakalvogel? Und dort: ein ceruleanischer Droch! Oder doch ein Chiaki?

Bücherbummel auf Alamach

12

Auf ein Gläschen mit Goethe

Klone, Avatare, Wiedergänger – beim größten Lesefest im Universum trifft man alle bedeutenden Autoren der Weltliteratur, und keiner weiß, aus welchem Labor sie kommen. Da läuft Thomas Mann mit einer Clique hübscher Jünglinge um die Ecke, dort diskutiert Baudelaire mit ein paar dekadenten Antiquaren, hier sitzt der alte Geheimrat Goethe und süffelt teuren Rheingauer Wein. Wenn man möchte, kann man sich ein paar Lesungen anhören – wer wollte nicht schon immer mal der Fistelstimme von Sueton lauschen? Oder man schlendert einfach von Stand zu Stand, entdeckt ein paar Originalausgaben und ergattert ein sogenanntes Schnäppchen. Die Erstausgabe von Werthers Logbuch liegt direkt neben „Auf der Suche nach dem verlorenen Wurmloch", am nächsten Stand gibt es eine vergilbte Gesamtausgabe von Douglas Adams. Selbst die seltene erste Auflage von „Glücksorte im Weltall", damals noch in Schwarzweiß, soll dort schon gesichtet worden sein.

Am Abend trifft man sich bei der beliebten Diskussionsrunde „Und Heine klagt stets grimmer, ach, um die Kunst stehts immer schlimmer!" Literaturkritiker treffen auf berühmte Autoren und zerreißen ihre Werke. Häufig kommt es dabei zu tumultartigen Szenen, unvergessen ist der Auftritt von Stephen King, bei dem es fast zu einer Prügelei mit Edgar Allan Poe gekommen wäre, wenn nicht Rimbaud eingegriffen hätte.

Wenn dann am Abend die Lichter der Literatur ausgehen, kann man seine Schätze nehmen und sich ans Ufer des kleinen Flüsschens Alamach setzen, das direkt hinter den Zelten dahinsprudelt. Im Gras sitzen sie, die Leser und die Schriftsteller, trinken noch ein Gläschen zusammen und diskutieren über ästhetische Vorlieben, grammatische Konstruktionen oder darüber, warum Gorki dieses Jahr nicht gekommen ist. Jane Austen blickt verträumt zum Mond, und alle freuen sich über eines ganz besonders: Es regnet nie, wenn der Bücherbummel auf Alamach stattfindet, auf unerklärliche Weise ist immer schönes und warmes Wetter, sodass man die ganze Nacht den Mond anschauen kann.

TIPP

Goethe ein Glas Wein ausgeben, dann wird er gesprächig.

Glücksorte

im

Weltall

Heb ab &
werd glücklich

Jürgen Kron

DROSTE

Illegal Lifestyle

13 Glänzendes im Sternbild Skorpion

Kaum war das Weltall besiedelt, schon übernahmen Bürokraten den Laden, und inzwischen kann es Wochen dauern, bis ein Raumschiff bei der interstellaren Zulassungsstelle auch nur ein Nummernschild erhält. Eine Gruppe von Jungunternehmern und Studenten scheiterte an den Verordnungen zur Mülltrennung, als sie ein Garagenunternehmen auf 18 Scorpii eröffnen wollten. Sie hatten daraufhin eine etwas waghalsige Idee: die Gründung der Illegal Lifestyle Corp., einer Vereinigung von Diamantenschmugglern! Vielleicht wäre es gut gegangen, doch dann wurde einer von ihnen auf seinem E-Bike mit überhöhter Geschwindigkeit geblitzt, und das Unternehmen flog auf. Seit diesen legendenumwobenen Tagen hat sich auf 18 Scorpii immer wieder mal ein Geschäftsmann mit etwas längeren Haaren und einem eher unklaren Verhältnis zur Ordnungsmacht gefunden, bei dem man unter dem Ladentisch Rubine, Amethyste, Citrine und sonst noch allerlei Glänzendes findet. Vor allem die Blausaphire sind ohne Mehrwertsteuer und Gedöns ziemlich günstig.

TIPP

Kleine Steinchen lassen sich besser transportieren als große.

Wer daher sein Glück im Kick findet, sollte einen Abstecher ins Sternbild Skorpion machen und sich nach obskuren Ladengeschäften umschauen, etwa in den Seitenstraßen der Shaula-Antares-Avenue. Aber, worauf Autor und Verlag ausdrücklich hinweisen, bitte die Geschäfte nur ansehen und auf keinen Fall etwas kaufen! Auch wenn die Steinchen um ein Vielfaches günstiger sind als etwa im Sternzeichen Orion, bleibt es illegal und kann empfindlich bestraft werden. Zwar hat der Zoll dort immer noch nicht bemerkt, dass sich die Zahl sehr unscheinbarer Touristen, die mit Badelatschen und Hawaiihemd ausgesprochen unschuldig daherkommen, in letzter Zeit vervielfacht hat. Aber man sollte es nicht darauf ankommen lassen. Und es ist auch keineswegs legal, sich mit dem Gewinn durch den Schmuggel und Verkauf der Edelsteine einen Vier-Wochen-Urlaub im besten Hotel vor Ort zu gönnen. Dieses Hotel heißt übrigens Mintaka.

Gib Gas!

14 Road Feeling auf UY Scuti

UY Scuti im Sternbild Schild ist ein echter Hingucker: Der größte bekannte Himmelskörper, ein roter Überriese, ist 1700-mal größer als die Sonne und würde sich, wäre er an ihrer Stelle, bis zum Saturn erstrecken. Kein Wunder, dass er ein beliebter Ausflugsort ist, denn wer eine einfache Umrundung im Spaceshuttle bucht, ist bei einer Durchschnittsgeschwindigkeit von 28.000 Kilometer pro Stunde rund 30 Jahre unterwegs.

Zeit ist Luxus, dachten sich die Brüder Parsic und verwirklichten einen Traum für jeden Autofahrer: Sie bauten dort die Panamericana nach und bieten nun entspanntes Fahren auf einer der schönsten Strecken des Universums an. Doch während die Panamericana mit ihren 25.750 Kilometern bei einem gemächlichen Tempo von etwa 100 Kilometer pro Stunde in rund 257 Stunden zu bewältigen ist, braucht man bei UY Scuti deutlich mehr Zeit: In etwa 8530 Jahren ist man wieder am Ausgangspunkt – wenn man Tag und Nacht durchfährt. Wer ein paar Pausen macht, um die Landschaft zu genießen, kann sich auf einen Roadtrip von rund 20.000 Jahren einstellen. Da sollte man beim Losfahren nicht den Proviant für unterwegs vergessen.

TIPP

Ersatzreifen nicht vergessen. Und Benzin. Und Essen. Und Handy. Und Wasser.

Wer diese Zeit mitbringt, hat allerdings die Gelegenheit zu einer unvergesslichen Tour. Die beiden Brüder Parsic haben das Original detailverliebt nachgebaut, sogar die Straßenlöcher und das fehlende Teilstück zwischen Yaziva in Panama und Nordwest-Kolumbien haben sie nicht vergessen. Auf Scuti ist es halt nur ein bisschen länger, und man braucht ein paar Jahrzehnte, bis man wieder auf einer gut befahrbaren Strecke ist.

Sehr elegant haben die Brüder dabei die Eigenarten von UY Scuti einbezogen. So mancher See auf dem roten Überriesen ist in etwa so groß wie die Entfernung von der Erde zum Mond, und der ein oder andere Vulkan spuckt seine Lava auch mal etwas weiter ins Tal. Übernachtet man, sollte man daher sein Auto vorsichtshalber rückwärts einparken. Und man sollte vor dem Einschlafen noch einmal zum Gipfel sehen: Immer wieder rollen Lavabrocken durch die Nacht und erhellen sie mit ihrem rötlichen Schimmer.

Weiße Kunst

Das Museum auf Tazetta Alpha

Das Kunstmuseum auf Tazetta Alpha hat einen schlichten Eingang, aber schon die Vorhalle ist mit glänzend weißem Marmor ausgelegt, in den unzählige Spiegel eingelassen sind. Sie spiegeln sich ineinander und reflektieren sich selbst und die Besucher bis hin zur Unsichtbarkeit. Durch starke Strahler, die in großen Leuchtern wie Kerzen arrangiert sind, wird der ganze Raum in ein funkelndes Licht getaucht. Es kann eine Weile dauern, bis in dem Gefunkel die Eingangstür zur Kunstsammlung gefunden wird.

Auch die Museumsräume sind mit weißem Marmor ausgelegt, doch eine dezente Beleuchtung beruhigt die Augen. Es ist ein Konzeptmuseum, alle Bilder und Skulpturen wurden aus den Ausstellungsräumen entfernt, und an den Wänden findet man einzig noch auf kleinen, unscheinbaren Schildern einige Künstlernamen und ein paar Kopfhörer, um sich durch eine beschwörende Stimme die jeweiligen künstlerischen Entwürfe und Vorstellungen erläutern zu lassen. Unbehelligt von Gemälden geht man immer weiter in das Weiß des Marmors, in das kühle, starre, dünne Licht des Museums und verliert sich allmählich ganz an der Weite und dem Glanz des Nichts. Legt man sich auf den kalten Boden und starrt nur in die unbegrenzte Tiefe des vollkommenen Weiß, kann man leicht aus Zeit und Raum ins Licht fallen.

In manchen Räumen sind Schilder angeschraubt, die in Pastellfarben auffordern, man solle die Kunst ernst nehmen, über sie nachdenken oder sie nutzen. In den letzten Räumen der Ausstellung hängen schließlich ein paar Gemälde, dort stehen auch immer einige unecht wirkende Besucher.

Vor einem Porträt einer Dame mit Sonnenschirm und hellblauem Kleid sieht man zwei Männer, die sich mit ausladender Gestik unterhalten. Kommt man näher, tritt einer von ihnen elegant in das Gemälde ein. Der andere folgte ihm prompt. Langsam werden sie dann von den Farben des Bildes absorbiert und verfließen allmählich, bis man schließlich nicht mehr sagen kann, an welcher Stelle sie eingetreten sind. Die Dame lächelte weiter, ohne ihren fremden Besuch zu beachten.

TIPP

Am Ausgang kann man ein paar von den Schildern kaufen und auch zu Hause die Kunst ernst nehmen.

Meditation pur

Ein Tag am Schwarzen Loch

Einstein hat entdeckt, dass Raum und Zeit gekrümmt sind, und seither hat das fast niemand verstanden. Am besten erklärt man es mit einem aufgespannten Bettlaken und einer darauf liegenden Kugel: Je schwerer die Kugel, desto mehr wird das Laken gekrümmt. Und wenn die Kugel zu schwer ist, zerreißt es. Das nennt man dann ein Schwarzes Loch, und weil es ein Loch ist, fällt alles durch und verschwindet im Schwarz. Daher dachte man auch lange, ein Urlaub dort sei unmöglich, denn wer möchte schon verschwinden? Schließlich entdeckten ein paar findige Reiseveranstalter aber, dass es eine charmante Urlaubsmöglichkeit gibt: Man lässt sich ganz nah ans Schwarze Loch hin- und später wieder zurückbeamen.

TIPP

Wer so richtig meditieren möchte, kann sich natürlich auch mitten ins Schwarze Loch beamen lassen.

In diesen Zwischenort dringt außer den Beamerstrahlen fast nichts mehr durch, weder Licht noch Lärm. Das macht einen Aufenthalt dort einerseits etwas eintönig, andererseits ist er für alle perfekt geeignet, die einfach mal ihre Ruhe haben wollen. Wer früher ein paar Tage im Schweigekloster gebucht hat, lässt sich jetzt ans Schwarze Loch beamen. Völlige Stille und Dunkelheit, dazu noch Schwerelosigkeit und ein Gefühl von Menschenleere sind es, die man dort findet. Für gestresste Manager oder Ehepaare, die gerade in einer Krise sind, ist es ebenso perfekt wie für jeden, der sich ganz auf eine Aufgabe konzentrieren oder eine weitere Stufe der Mediation erklimmen möchte.

Netherland Travels bietet einen besonderen Service und ist für alle geeignet, die ihre inneren Welten erkunden möchten: Kurz vor dem Beamen gibt es ein Gespräch mit einem Zen-Priester, und am Schwarzen Loch kann man dann in die Tiefen seiner Seele eintauchen. Falls man dort etwas findet, das beunruhigend ist, gibt es bei der Rückkehr einen erfahrenen Psychiater, der rasch hilft und den Gast aus der Tiefe wieder auf den Boden seiner Work-Life-Balance holt. Außerdem kann man wählen, wie lange man beim Schwarzen Loch sein möchte. Da die Zeit gekrümmt ist, können einem hundert Jahre wie ein Tag vorkommen, und so sind der Meditation keine Grenzen gesetzt.

Ein Talk mit Schwänen

17 Der Tierversteher von Denep

Im Sommer leuchtet es besonders hell: Das Sternzeichen des Schwans gehört zu den markantesten Sternbildern am Sommerhimmel und liegt mitten in der Milchstraße, umringt von anderen Sternzeichen. Der hellste Stern darin ist Denep, ein heißer Überriese in der Übergangsphase vom Blauen Riesen zum roten Überrießen. Vor allem Tierliebhaber zieht es auf den veränderlichen Stern, in dessen Mangroven sich eine Vielzahl exotischer Tiere tummeln. Cephesus und Drachen, Füchslein und Eidechsen kann man bei einer geführten Bootsfahrt ebenso entdecken wie die wundersamen Schwäne, die dem Sternzeichen den Namen gaben. Vor allem am frühen Morgen ist der Himmel voll von Vögeln und ein Paradies für Ornithologen.

TIPP

Keine Kanarienvögel mitbringen, die lügen wie gedruckt.

Viele der geführten Touren starten am Leda-Pier, ganz in der Nähe von Zeustown, der Hauptstadt von Wega. Schon nach ein paar Minuten gleitet man durch die Mangrovenwälder mit ihren verschlungenen Wurzeln, in denen man grüne Schatten hin und her flitzen sieht. Manchmal schimmert ein goldener Fleck, wenn das helle Licht auf die Augen dieser Eidechsen trifft und sie zum Boot hinsehen. Immer wieder stürzen Reiher in den Fluss, und manchmal tauchen sie mit kleinen Fischen wieder auf, die sie zu ihren grandiosen, fast schon in den Himmel hinein gebauten Nestern bringen. Tief im Innern der Mangroven streifen Krokodile und Alligatoren um das Boot, und man sollte besser seine Hand nicht ins Wasser baumeln lassen.

Mitten in den Wäldern steht ein kleines, leicht verwunschenes Haus, in dem einer der wenigen Tierversteher der Milchstraße lebt. Frater Angelicus, ein Mönch des Polydeukes-Ordens, hat diese Kunst bei einem seiner Pharaonenhunde gelernt und kann sich inzwischen auch mit den meisten Vogelarten unterhalten. Wer zufällig seinen Wellensittich dabeihat, kann dank Angelicus mit ihm ein Schwätzchen halten. Mancher Besucher hat sich schon gewundert, was sein Piepmatz ihm so alles zu erzählen hat. Und hat ihn dann spontan in die Freiheit entlassen.

Geschichte lebendig

18   Das Weltraummuseum auf Alpha Pavonis

Ein Samstagnachmittag in den 1970er-Jahren. Das Schaumbad umspielt den Körper, im Badezimmerradio läuft die Fußballliveübertragung, alles ist jung und schön. Kaum abgetrocknet geht es ins Fernsehzimmer. Von draußen hört man den Vater am Auto basteln, Mutter kocht, es ist Sommer, und durch die Jalousien fällt gesprenkelt das Licht aufs Laminat. Der Fernseher braucht einen Moment, dann ist es so weit: Raumschiff Enterprise startet durch unendliche Weiten, Captain Kirks Blick streift durch die Weite, Lieutenant Uhura bedient eine geheimnisvolle Maschine, und Commander Spock weiß alles: Live long and prosper.

Im Weltraummuseum auf Alpha Pavonis kann man in eine Emotionskiste steigen und diese und viele andere Erinnerungen so erleben, als wäre man mittendrin. Die Uraufführung von „Blade Runner" in einem

TIPP

Wer immer schon mal Uhura oder Kirk küssen wollte ...

Kino in Hamburg, als Zuschauer beim ersten Apollo-Start oder auch ein Konzert, bei dem David Bowie seinen „Major Tom" ins Unbekannte entgleiten lässt – die Kisten versetzen jeden, der sich hinein begibt, in ein neues Erlebnis aus der Kinderzeit der Raumfahrt. Dabei vergeht die Zeit im Flug: Selbst die Wochen, die die erste Marsexpedition brauchte, genießt man voller Spannung.

Im Museum gibt es aber viel mehr zu entdecken. In der Ruhmeshalle der Raumfahrt stehen Bronzefiguren der großen Entdecker, in der Raumkapsel von Apollo 5 spürt man hautnah, wie beengt anfangs das Reisen zum Mond war. Fast alle Exponate sind zum Anfassen. Wer mutig ist, kann in einem Spaceshuttle einem Alien begegnen, das jede Minute größer und bedrohlicher wird, aber am Ende immer besiegt wird.

Am Ausgang gibt es einen gut bestückten Shop, in dem man alles erwerben kann, was der Weltraumreisende gerne in seinem Zuhause hätte. Kleine und große Aliens, Raumschiffe zum Selberbauen oder auch einen bronzenen Briefbeschwerer mit dem Porträt von Captain Picard findet man hier – und sogar den Badezusatz aus den 1970er-Jahren. Nur die Eltern gibt es nicht mehr dazu.

Zeitreisen beim Indianer

19

Seit die ersten Zeitreisen ziemlich schiefgingen und etwa, wie Paul van Herck in seinem Roman „Framstag Sam" darlegt, das Christentum versehentlich eingeführt wurde, hat sich die intergalaktische Union darauf geeinigt, solche Spielereien grundsätzlich zu verbieten. Und selbst die Sekte der Kryptografiker hält sich daran, obwohl es da immer so ein paar Gerüchte gibt. Jedenfalls wird in diesem Bereich nicht weiter geforscht, und die existierenden Anlagen sind ganz abgebaut. Ganz abgebaut? Nein! Im Sternbild des Indianers steht noch eine Back-to-youth-Maschine (BtyM), die so ungefährlich ist, dass man inzwischen einen ganzen Freizeitpark um sie herum gebaut hat. Der Plancius-Park liegt auf Epsilon Indi B, einem Braunen Zwerg der Spektralklasse T1, und verfügt über zahlreiche Freizeitmöglichkeiten, die man auch von anderen solchen Anlagen kennt. Einzigartig ist allerdings die BtyM, und allein wegen ihr kommen jedes Jahr die zahlungskräftigsten Besucher.

Das Prinzip ist einfach: Man reist damit nicht in die Vergangenheit, sondern wird wieder jung. Bis zu einem Alter von vier Jahren kann man sich zurückverwandeln, bis man am Ende des Tages unweigerlich doch wieder in den alten gebrechlichen Leib mit seinen ganzen Wehwehchen zurückgleitet.

Man muss sich rechtzeitig anmelden, die BtyM verkraftet nur etwa einhundert Besucher pro Tag. Man gibt das gewünschte Alter an, und Sekunden später hat man entweder wieder Lust auf Purzelbäume, auf Mopedfahren oder kann im Leichtathletikstadion Hochsprung üben. Für jedes Alter ist etwas vorbereitet, aber am schönsten ist es natürlich, wenn man noch einmal so richtig herumtollt und mit Ritterrüstung oder Pfeil und Bogen, im Prinzessinnenkleid oder als Cowgirl den Zauber der ersten Abenteuer neu erlebt.

Ein wenig aufpassen muss man, wenn man am Ende des Tages ins eigene Alter zurückgleitet. Nicht jede Ritterrüstung ist dehnbar, und man sollte am besten in einer Umkleidekabine sein, wenn es denn so weit ist und man sich von den Kinderträumen verabschieden muss.

TIPP

Es gibt einen Honeymoon-Tarif für Paare, die noch einmal ihre Hochzeitsnacht erleben möchten.

Zauberei auf Alpherg

Von Sternbildern und Liebesgöttinnen

20

Es gibt im Weltall jede Menge Zauberwälder, in denen man sich verirren und in was auch immer verwandeln kann. Eine Schule für intergalaktische Zauberei gibt es allerdings nur auf dem bezaubernden Stern Alpherg, der zum Sternzeichen Fische gehört und bei den Babyloniern den geheimnisvollen Namen „Kullat Nunu" trug. Wer mehr darüber wissen möchte, sei auf folgendes Werk verwiesen: Epping, J., Straßmaier, J.N.: *Astronomisches aus Babylon oder das Wissen der Chaldäer über den gestirnten Himmel. Stimmen aus Maria Laach* – Ergänzungsheft 44, das im Jahr 1889 erschien und seither nichts an Gültigkeit und Tiefsinn verloren hat.

Dort erfährt man auch, dass die Babylonier das Sternbild Fische mit der Liebesgöttin Ischtar in Verbindung brachten, und die fantasiereichen Griechen haben das nicht einfach nur übernommen, sondern gleich einen ganzen Mythos rund um Aphrodite und Eros daraus gestrickt. Die beiden flohen vor einem Ungeheuer, verwandelten sich in Fische – und entkamen. Womit wir wieder bei der Zauberei sind.

TIPP

Die Piksieben ist gar nicht im Text versteckt.

Die Römer als gute Kaufleute und Soldaten hatten es nicht so mit den Liebesgöttinnen, für sie stand das Sternzeichen für Regen und Segen und landwirtschaftlich erwirtschaftetes Geld. Wobei die Verwandlung von Weizen in Golddukaten ja auch etwas von Zauberei hat.

Zurück zu den Babyloniern. Sie erfanden den Begriff bit-nisirti, er bezeichnet den höchsten Stand oder Wendepunkt eines Himmelskörpers aus Sicht eines Betrachters auf der Erde. Heute hat man dafür den Begriff Hypsoma oder Exaltation – und wo hat die Venus, Planet der Liebesgöttin par excellence, ihren Wendepunkt? Natürlich im Sternzeichen der Fische! Ptolemäus meint dazu, dass sie ihre Exaltation in den Fischen habe, weil sie feuchter Natur ist und mit dem Eintritt der Sonne in die Fische Ende Februar der ebenfalls feuchte Vorfrühling beginnt.

Darüber kann man sicherlich streiten – aber wenn in diesem Text eine Piksieben versteckt worden wäre, würde ich sie jetzt hervorzaubern, und keiner wüsste, wie. So etwas lernt man beispielsweise auf Alpherg.

Die Kulissen von Gemma

21

Der Stern der Theaterspieler

Theater gibt es im Universum genug, und im Verlauf einer Theaterkrise gingen die vielen Schauspieltruppen, die sich auf Gemma niedergelassen hatten, pleite. Seitdem ist der Stern unbewohnt bis auf ein paar Fremdenführer, die die Besucher durch diese verlassene Welt des Theaters führen. Denn noch stehen alle Bauten so wie früher, nur die Schauspieler stören nicht mehr.

Beim Gang durch die Bauten denkt man zuerst, dass alles etwas langweilig sei. Ein paar Amphitheater, der Nachbau der Theater von Taormina und Epidauros, also eher etwas für Archäologen statt für Ästhetiker. Dann geht es aber um eine Ecke, und man ist mitten im klassischen Zeitalter der großen kosmischen Aufführungen. Die berühmte Ausstattung von „Warten auf zwei Monde" bildet den Anfang. Wie es der Bühnengestalter schaffte, zwei Galaxien in eine überdimensionierte Glaskugel zu bannen, weiß bis heute niemand – aber der Effekt ist immer noch beeindruckend, vor allem, seit sich dort ein Schwarzes Loch ausbreitet.

Direkt dahinter findet man Artauds alchimistisches Theater, das bekanntlich nie gebaut wurde und schon allein deshalb einen Besuch wert ist.

TIPP

Antigone nach der Hölderlinschen Übersetzung laut vorlesen. Erfreut die anderen Besucher.

So geht es weiter durch die Theater der Galaxien, bis man am Ende durch ein Teleskop die beiden Sternhaufen sieht, die in der sicherlich größten Aufführung aller Zeiten eine Rolle spielten. Der Regisseur plante, einen der Sternhaufen am Ende in einem interstellaren Feuersturm zu zerstören, aber der Brandschutzmeister der Feuerwehrinnung untersagte es ihm, und die Aufführung kam nie zustande.

Gemma ist übrigens Teil der Bärengruppe, des größten und hellsten Sternhaufens am Nachthimmel mit einer Ausdehnung von 30 Lichtjahren. Nach den anregenden Besuchstagen findet sich in diesem Haufen der ein oder andere Stern mit einer ausgezeichneten Küche oder eine Lounge, die Cocktails mit stellarer Wirkung serviert. Dort wird manch einer am Abend seufzen, dass es keine Aufführungen mehr gibt, andere werden erleichtert sein.

Der große Attraktor

Baden im Sternenhaufen

Fast jede Raumstation in der Milchstraße bietet Billigreisen zum großen Attraktor an – kein Wunder, denn unsere kleine, beschauliche Galaxie rast mit rund 630 Kilometern pro Sekunde auf diesen Galaxienhaufen zu. Pro Tag sind es also etwa 54 Millionen Kilometer, für die man den Treibstoff spart, und wer jetzt schon für nächstes Jahr bucht, ist knapp 20 Milliarden Kilometer näher dran. Der Grund ist einfach: Der große Attraktor hat eine Masse von 10 Billiarden Sonnen und dadurch ziemlich viel Schwerkraft, mit der er uns anzieht.

Seine Größe ist auch der Grund, warum man trotz der Touristenströme dort immer noch ruhige und beschauliche Ecken findet und seinen Urlaub ganz individuell gestalten kann. Von Luxus pur in Hotels, die mehr Sterne haben als so manche Zwerggalaxie, bis zu Cottages mit verrauchten Fenstern findet man alles.

TIPP

Es gibt Zwei-Personen-Hängematten, wenn man nach dem Baden schlafen möchte. Nach Skorpius fragen!

Besonders beliebt sind die Reisen bei Jungverliebten und solchen, die es gerne wären. Offenbar wirkt man in dieser Gegend des Universums – Achtung, Wortspiel! – viel attraktiver als selbst auf der Venus, und seit vielen Jahrzehnten ist der beliebteste Mädchenname in der ganzen Galaxie nicht mehr Emma, Venus oder Scouti XY, sondern Norma. Der Norma-Galaxienhaufen bildet das Schwerkraftzentrum des großen Attraktors, und man findet in den einschlägigen Reisebüros zahlreiche Honeymoon-Angebote für die Unterkünfte dort.

Besonders empfehlenswert ist ein Kurzausflug zum Sternbild des Skorpions, das südlich von Norma liegt. Wenn man nachts auf einem der Sterne badet, kann man ein besonderes Phänomen beobachten: Teilt man das Wasser, glitzern darin silberne Punkte und Fäden, als würde der große Attraktor sich noch einmal auf der Oberfläche spiegeln. Kleiner Hinweis: Diese Erklärung kommt in romantischen Momenten deutlich besser an als die Bemerkung, es müsse sich wohl um Plankton handeln.

Übrigens ist der beliebteste Jungenname seit Langem schon nicht mehr Christoph oder Ptolemäus, sondern: Skorpius.

Nostalgie nebenan

23 Auf Uranus alte Städtchen entdecken

Irgendwann blieb auf Uranus die Zeit stehen. Die Sternenflotte zog weiter und baute neue Stützpunkte, die Jungen eroberten das Weltall, und auf dem Riesenplaneten blieben die zurück, die keine Lust auf Abenteuer hatten oder dafür zu alt waren. Es wurde nicht mehr gebaut, die schönen Industrieanlagen wurden stillgelegt, und Staub legte sich über die kleinen Städtchen. Es wurde immer stiller, es wurde auch immer entspannter. Und weil es auf Uranus kaum Wolkenbänder und schon gar keine Stürme gibt, schien ein Tag wie der andere zu sein.

Mittlerweile zieht diese Ruhe immer mehr Besucher an. Gerade an den Wochenenden findet man kaum einen Parkplatz für sein Spaceshuttle, und auch an einem Mittwochmorgen kann es passieren, dass man eine ganze Weile durch die Troposphäre tingeln muss, bis man anlanden kann. Zum Glück ist die Besiedlung so weitläufig, dass es trotzdem zu keinem Gedränge kommt und noch genügend Parkbänke und kleine Cafés vorhanden sind, die ein ungestörtes Gespräch oder ein Sinnieren über den Sinn des Lebens erlauben.

TIPP

Vorsicht mit dem Glühwein. Die Spacepolice kontrolliert scharf.

Ist das Leben nicht wie einer der irregulären Monde, die in exzentrischen Bahnen um den Uranus ziehen, eingefangene Satelliten mit einer hohen Bahnneigung und oft rückläufig, fragt man sich dann. Nein, erwidert der zufällige Nachbar auf der Parkbank, eher wie die Ringe des Uranus, die den Planeten in Richtung seiner Rotation umrunden und mit ihren verschiedenen, dicht belegten Umlaufbahnen ein System konzentrischer Ringe bilden. Jaja, nickt man, so wird es sein.

Nicht zufällig ist der Namensgeber Uranus der Gott des Himmels und Schutzvater aller absurden Dialoge. Der Mythologie zufolge kam mit ihm das männliche Prinzip in die Welt, aber es ging nicht besonders gut aus, und er hatte ziemlichen Stress mit seinem ältesten Sohn, weil … Ups, jetzt verirrt sich der Text gerade etwas.

Zurück zu den gepflasterten Straßen, wo es irgendwo immer einen Glühwein oder eine Bratwurst gibt, und wenn es Abend wird, ist der Blick auf die 27 Monde des Uranus überwältigend und natürlich auch etwas absurd.

Ein kleiner Schauer

24 Der Stern der Kelten

Was früher einmal der Escape Room war, ist auf Coronae Borealis, einem ziemlich veränderlichen Stern im Sternzeichen Nördliche Krone, das Schloss der Verwandlung, ein etwas abseits gelegenes Haus mit gotischen Türmen und allerlei Spinnweben. Hierhin kann man kommen, wenn man eine leichte Gänsehaut als sein persönliches Glücksgefühl mag und gerne in die etwas düsteren Gefühlswelten abtaucht. In einem der Räume begegnet man etwa einer Figur namens Arianrhod, die wie eine Gothic Queen aussieht, tatsächlich aber eine keltische Gottheit ist. Von ihr erfährt man, dass das Sternzeichen schon bei den Kelten eine wichtige Rolle spielte. Ohne auf Einzelheiten eingehen zu wollen: Nach dem vierten Zweig des Mabinogi, Math fab Mathonwy (zu Deutsch: Math, der Sohn Mathonwys) lebte Arianrhod am Hof eines Onkels, dessen Füße stets im Schoß einer Jungfrau ruhen mussten, wenn er nicht gerade in den Krieg zog. Und gerade als sie ihrem Onkel erzählt, sie sei eine solche, gebiert sie zwei Jungs. Und dann wird es unübersichtlich.

TIPP

Es gibt doch einen Ausweg aus dem Vampirraum, man muss nur das Foto gegenüber genau studieren.

Auf jeden Fall bekommen die Besucher von ihr drei *gessi,* wie sie es nennt, also Verbote oder Aufgaben oder so, dann werden sie in den Escape Room entlassen und müssen sie lösen. Vor allem die dritte ist knifflig, so viel sei verraten. Es geht um Blütenblätter, Zaubern und ein Wesen namens Blodeuwedd. Zur Auswahl steht auch ein Raum, in dem man durch ein Labyrinth muss – bei den Griechen war die Nördliche Krone die mit Edelsteinen besetzte Krone der Ariadne, die der ein oder andere mit dem Ariadnefaden und dem Minotaurus in Verbindung bringen wird. Und so geht es weiter: Für die Chinesen war das Sternbild eine Goldkette, für die Araber die zerbrochene Schüssel armer Leute, und für alles gibt es einen eigenen Escape Room.

Aus unerfindlichen Gründen gibt es auch noch einen mit Vampiren, die in einer Bibliothek mit lauter zerfledderten Büchern hausen. Angeblich gibt es von dort keinen Ausgang, aber das Gute: Nach drei Stunden im Schloss kommt ein Aufseher und beendet das Spiel.

Warm anziehen

25 Das Hotel Bootes auf Arktur

Die meisten kennen den Kleinen oder Großen Bären, aber ein Ausflug zum Sternbild Bärenhüter lohnt sich mindestens genauso. Folgt man der Deichsel des Großen Wagens, erreicht man ihn mühelos, zumal sein Hauptstern Arktur einer der hellsten Sterne am Nordhimmel ist und sich mit seinem sanften Orangeton kaum übersehen lässt. Er verfügt über eine ordentliche Eigendynamik und bewegt sich mit etwa 122 Kilometern pro Sekunde relativ zu unserem Sonnensystem. In etwa 4000 Jahren wird er den sonnennächsten Punkt erreichen, dann empfiehlt sich der Besuch besonders.

Arktur ist ein alter Scheibenstern, der mit einer Truppe von insgesamt 52 anderen schon etwas älteren Scheibensternen schon ziemlich lange im Arcturus-Strom unterwegs ist, daher hat er sich etwas abgekühlt, und man sollte sich warme Kleidung für den Besuch mitnehmen. Nach der Landung lohnt sich ein Ausflug zu den Emissionslinien, die ziemlich einzigartig sind. Ihnen verdankt der Stern seine außergewöhnliche orangene Farbe, deren Leuchtkraft immerhin 110-mal größer als die der Sonne ist.

Zum Übernachten empfiehlt sich das Hotel Bootes, das an einem kleinen See liegt und über einen sehr rustikalen Charme verfügt. Rustikal heißt in diesem Fall, dass es dort noch allerlei Lebewesen gibt, denen man nicht im Mondlicht begegnen möchte. Denn eines kann man sagen: Das Sternbild wird im Umgang mit ihnen in keiner Weise seinem Namen gerecht. Da wird nichts gehütet und noch weniger etwas im Zaum gehalten. Den ein oder anderen Bären wird man noch ganz putzig finden, wenn er gerade versucht, durchs Hotelfenster zu klettern. Aber die Tierchen, von denen man nicht weiß, ob man wach ist oder sich gerade in einem etwas beunruhigenden Traum befindet, können den Spaziergang um den See doch etwas verkürzen.

Ist man freilich ein gefestigter Charakter, lässt man sich davon nicht beeindrucken und kann beim Gang durch die Wildnis den Glanz des Abendhimmels genießen. Und sich Appetit holen. Das Essen im Hotel Bootes ist reichlich und so rustikal wie die Landschaft. Für Vegetarier ist es leider nicht zu empfehlen.

TIPP

Im Restaurant nichts bestellen, dessen Namen man nicht aussprechen kann.

Plaudern im Nichts

26 Die kleine Kneipe im lokalen Void

Die Milchstraße liegt ziemlich nahe am großen Nichts, dem sogenannten Void, in dem so wenig Materie ist, dass er unsere Galaxie sogar von sich wegdrückt. Dazu ist unser heimatlicher Void auch noch mit einigen anderen Voids verbunden, sodass es insgesamt ziemlich einsam sein kann, wenn man die Milchstraße in diese Richtung verlässt und sich für ein paar Abenteuertage dort entscheidet. Das Ganze ist so groß, dass es wenig Sinn macht, mit Zahlen zu hantieren, aber so viel lässt sich sagen: Die Milchstraße bildet nur eine sehr schmale Brücke in dieser Leere. Wenn der Void so groß ist wie der Atlantik, ist die Milchstraße nicht mehr als ein Leuchtturm, der mit seinem Licht gegen die Nacht ankämpft.

Der letzte Vorposten der Milchstraße wird gebildet von einer kleinen Kneipe, von der aus man einen schönen Ausblick auf die leerste Stelle im Universum hat, dort, wo es selbst kein WLAN mehr gibt. Der Besitzer ist bekennender Buddhist, der sich auf den Einzug ins Nirwana vorbereiten möchte. Er ist daher auch nicht sehr gesprächig, aber für die wenigen Gäste, die vorbeikommen, hat er sich etwas Besonderes überlegt. Von der Karte kann man sich nicht nur Getränke bestellen, sondern auch Gesprächspartner, mit denen man den Abend verbringen kann. Die Auswahl ist groß. Von der Philosophiegeschichte über das englische Königshaus oder die neusten Serien auf Galaktikflix lässt sich allerlei Gesprächsstoff ordern. Es handelt sich bei den Plauderern durchweg um eloquente junge Menschen, die sich hier ein paar Scheine für ihr Studium hinzuverdienen.

Wer etwas Außergewöhnliches möchte, sollte den Talk of the Day ordern. Das Thema ist nicht vorgegeben, man kann es selbst auswählen. Was einfach klingt, ist herausfordernd. Wählt man das Falsche, kann es ein langweiliger Abend werden, daher sollte man sich seinen Gesprächspartner gut ansehen. Worüber könnte sich ein Gespräch mit ihm lohnen? Eher über das Nichts oder das All?

An meinen Nachbartisch kam ein Blinder, und nach einem kurzen Stocken wählte der Gast ein Gespräch über das Unvorhersehbare.

TIPP

Nein, die Idee hat das Restaurant nicht von Monty Python geklaut, sondern von Ernst Jünger.

Bond rettet Andromeda!

Abenteuerurlaub mit Video

Die Andromedagalaxie liegt ziemlich nahe an der Milchstraße, aber weit genug weg, um ein Gefühl für Freiheit und Abenteuer zu garantieren. Für viele Touristen ist sie ein Traumziel, ihre Strände und das massereiche Schwarze Loch in ihrem Zentrum locken immer mehr Gäste in die Spiralgalaxie. Seit einigen Jahren bemühen sich die Andromedaner allerdings, das Image des Massentourismus abzulegen und exklusivere Reiseziele anzubieten. No money, no honey, heißt es seitdem vielerorts.

Vor allem auf Kappa Andromedae hat sich seither ein emsiges Völkchen von Hoteliers darum bemüht, neue Formen des Urlaubs zu entwickeln. Der letzte Trend: Abenteuerurlaub auf den Spuren berühmter Persönlichkeiten. Wer möchte, kann sich ein paar Tage lang wie Churchill in den letzten Tagen des Zweiten Weltkriegs fühlen oder als Schüler in Platons Akademie mit den großen Philosophen diskutieren. Wenn ein Paar einmal seine Abenteuerlust austesten möchte, kann es im Hotel Kepheus das „James Bond rettet das Bond-Girl Andromeda"-Wochenende buchen. Kaum angekommen, erhält der Herr einen Smoking und die Dame ein Abendkleid von Dior. Dann werden die beiden getrennt und erleben die unterschiedlichsten Situationen voller Dramatik und Gefahr. Höhepunkt ist, wenn sie an einem Felsen gekettet über dem Meer schwebt und er seine Herzensdame im letzten Augenblick reitend rettet. Mit seinem Blick versteinert er gleichzeitig ein Meeresungeheuer, und zur Belohnung gibt es danach eine kleine Hochzeitszeremonie – wenn es das Paar denn möchte.

Meistens sind daraufhin der Smoking und das Kleid ruiniert, aber sie werden prompt ersetzt. Denn am Abend geht es nach so vielen Erlebnissen in das hoteleigene Casino, in dem das nächste Erfolgserlebnis ansteht: Wohin auch immer die beiden ihre Jetons setzen, ihre Zahlen gewinnen.

Beim Frühstück am nächsten Morgen erhält man zu den Croissants noch ein Video mit den Höhepunkten des vergangenen Tages. Es hat in etwa die Länge von „Casino Royale".

TIPP

Wer es etwas royal möchte, kann auch als Lady Di gerettet werden.

Im Achterdeck

28 Auf den Spuren der Argonauten

Das Sternbild mit dem vielleicht merkwürdigsten Namen heißt Achterdeck des Schiffs und liegt im südlichen Sternenhimmel. Der Mythologie zufolge wurde es nach dem Schiff des Jason benannt, der mit seinen Kumpels das goldene Vlies klauen wollte. Und bei den alten Ägyptern schiffte ihr Gott Osiris damit durch den Sternenhimmel.

Vielleicht hängt es damit zusammen, dass sein Hauptstern Azmidi inzwischen gleich zwei der größten Raumhäfen beherbergt, die man in dieser Ecke des Universums findet. Und wie es in allen Hafenstädten so ist, treibt sich ein buntes Völkchen durch die Straßen und belebt den Tag wie die Nacht mit kleineren oder größeren Ausschweifungen. Die Coffeeshops sind ebenso berühmt wie die Restaurants. An den kleineren Spacerouten, die mitten durch die Städte gehen, kann man entlangschlendern oder eine gemütliche Tour in einem ausrangierten Shuttle buchen. Es ist ein Stern, der glänzt.

TIPP

In den Cafés vorher reservieren oder mit einem Spaceporsche vorfahren, das geht auch.

Berühmt ist vor allem das Pi-Puppis-Viertel, in dem sich die Edelsteinhändler niedergelassen haben. Hier findet man halbregelmäßig veränderte Spektralklassensteine in allen bolometrischen Leuchtstufen ebenso wie Delta-Cepheiden, die in einen aus feinem Staub bestehenden Reflexionsnebel eingebettet sind. Mancher Stein kostet mehr als ein nagelneuer Spaceporsche.

Eine feine Auswahl von ungewöhnlichen Schmuckstücken findet man in der L2Puppis-Gracht. Joachim ist ein leidenschaftlicher Steinsammler und zugleich ein Künstler mit einem Händchen fürs Unmögliche. Sein Laden sieht von außen unscheinbar aus, man muss durch einen Hinterhof, der selten erleuchtet ist. Im Schaufenster sieht man wenig, denn er braucht kaum Werbung zu machen. Drinnen glitzert es dafür umso mehr, und man entdeckt zwischen dem Gefunkel kaum den blonden und ziemlich extravaganten Haarschopf des Meisters. Wenn man nichts Bestimmtes sucht, sollte man sich von ihm beraten lassen. Seine Ideen sind, wie man früher sagte, flamboyant und man kann sicher sein: Mit einem Schmuckstück von ihm leuchtet jede Nacht auf Azmidi.

Kreativ auf Serpentis

29 Ein Schreibkurs, der glücklich macht

Logbuch der Raumfähre Ars Denegendi, Sternenzeit irgendwann nach Mitternacht. Alle Systeme an Bord haben inzwischen ihre Funktion aufgegeben, ich hänge an der letzten Flasche Sauerstoff. Mein Atem geht bereits ziemlich flach, und hin und wieder habe ich Halluzinationen. Als Letztes werde ich mir einen Raumanzug anziehen und durch die Schleuse ins All gehen. In Stiefeln sterben, hieß es früher einmal.

Im letzten Moment ist es mir gelungen, mich hinter einem der goldenen Doppelmonde von Zeta Leporis zu verbergen, aber es ist nur eine Frage der Zeit, bis die Raumpiraten mich im Dunkel orten. Zuletzt konnte ich drei Schiffe von ihnen ausmachen, es können auch vier sein. Sie fliegen unter falscher Flagge, aber ich vermute, sie kommen aus dem Sternbild Grabstichel, wahrscheinlich von einem dieser Sterne, die noch nicht einmal einen Namen haben. Sie werden meine Fähre vermutlich mit einem Hitzestoß beschießen, und wenn ich nicht vorher rauskomme, dürfte es sehr heiß werden. Tödlich heiß.

Der Kontakt zu meinem Mutterschiff ist abgebrochen, es ist wohl zu weit entfernt, vermutlich hat niemand mitbekommen, wie ich von den Piraten abgedrängt wurde. Ich denke, sie haben die Fähre aufgegeben. Oder sie suchen im falschen Quadranten. Oder ich bin ihnen ohnehin gleichgültig. Oder sie wurden ebenfalls von Piraten angegriffen. Oder …

Ein Licht vor mir. Eines der Piratenschiffe kommt direkt auf mich zu. Ich kann sehen, wie es den Hitzestoß vorbereitet. Im gleichen Moment sehe ich das Mutterschiff, völlig zerstört wird es vom zweiten Piraten abgeschleppt. Ein Piepsen: Mein Sauerstoff ist zu Ende. Aber …

Im Kreativkurs auf Serpentis lernt man schon in der ersten Sitzung, dass Fotos mit kleinen Kindern immer wirken und ein guter Einstieg bei einem Manuskript die halbe Miete ist. Die meisten Mitarbeiter in Verlagen lesen ohnehin nur den Anfang, und wenn der gut ist, gibt es direkt einen Vorschuss – zumindest sagt das der Kursleiter. Wer eine Kreativkarriere beginnen möchte, ist daher auf dem fünfhellsten Stern im Sternbild Schlange gut aufgehoben.

TIPP

Wer sein Manuskript an einen Verlag schickt, sollte als Umschlag immer ein Kinderfoto wählen.

Segeltörn mit Urknall

30 Zurück in Zeit und Raum

Kaum gab es den Urknall, schon wehte durch das Universum ein heißer Wind, der mit ordentlichem Tempo die Galaxien auf Touren brachte. Das begann schon nach etwa 10 hoch minus 43 Sekunden, als die Temperatur noch gut 10 hoch 43 Kelvin betrug und die Urkraft ihre Krallen zeigte. Danach wurde es allmählich kühler, und so eine Art Klimawandel setzte im Weltall ein. Außerdem entstanden, wie man weiß, die Gravitation und die X-Kraft und dadurch hervorragende Möglichkeiten für einen Segeltörn durch alle Galaxien.

Wer es dabei ruhig angehen möchte, kann bei Friedmann Adventures eine Tour auf dem perfekten Fluid in Richtung Urknall buchen. Sie verbindet beides: einmalige Naturerlebnisse und Einblicke in die frühe Geschichte des Weltalls.

TIPP

Kopfhörer mitbringen, wenn der Urknall mal zu laut ist.

Die Natur erlebt man an den ruhigen Tagen und Abenden an Bord eines Spaceshuttles, das sanft durch das Fluid gleitet und von dem aus man das rege und zugleicht träge Leben auf beiden Seiten des Ufers beobachten kann. Unter dem Sonnensegel genießt man die recht hohen Temperaturen und gönnt sich einen Hubble-Cocktail. Das Essen ist einfach, zum Frühstück gibt es Oliven und Feta, abends gebratene Fleischstücke mit Tomaten.

Damit man nicht völlig wegdämmert, wird die Ruhe immer wieder durch Ausflüge unterbrochen. Man kann die kosmische Inflation besichtigen, sich die primordiale Nukleosynthese ansehen oder zuschauen, wie das thermische Gleichgewicht die Neutrinos entkoppelt. Höhepunkt ist ein Besuch der Rekombinationsepoche, die etwa 400.000 Jahre nach dem Urknall begann. Ein einheimischer Führer zeigt der Reisegruppe, wie die optische Dichte von Photonen abnimmt und das Universum allmählich durchsichtig wird. Man kann aber auch durch das Gelände streifen, sich auf ein Mäuerchen setzen und die Boltzmann-Konstante oder den Beginn der kosmischen Hintergrundstrahlung bewundern.

Nach einer Woche gelangt man ans Ziel: In Anaxagoras Town, wo alles anfing, ist man dem Urknall so nahe wie sonst nirgends im Weltall. Wer ein Gefühl dafür hat, spürt den Geist des Universums durch die Straßen wehen.

Galaktische Entspannung

31 Ayurveda auf Zeta Phoenicis

Die meisten Träume sind in Schwarzweiß, und das weiß man erst so richtig, wenn man kurz vorm Einschlafen den Kräutersud von Doc Houtman getrunken hat. Danach ist die Nacht anders: In Neonfarben geht es ab ins Unterbewusstsein und von dort direkt in die Wunschmaschinen von Zeta Phoenicis. Am Morgen erwacht man entspannt und ist bereit für Ölguss, Massage und veganes Essen.

Doc Houtman ist der Leiter der Ayurvedafarm „Phönix" auf einem ziemlich lichtschwachen Begleitstern namens Zeta Phoenicis im Sternbild Phönix. Mit seinem weißen Bart und seiner sonnengegerbten Gesichtsfarbe strahlt er mit jeder Pore aus, dass man seinen Kräutersud ohne Bedenken zu sich nehmen kann. Man sollte ihn vielleicht nur nicht mit auf seinen Heimatplaneten nehmen, denn die Reaktion der Zollbeamten kann nur schwer vorhergesagt werden.

TIPP

Zwergcepheiden bekommen ein deutlich besseres Essen als Al-Velorium-Typen.

Zeta Phoenicis ist ein bedeckungsveränderlicher Stern, der alle ein, zwei Tage an seinem Hauptstern vorbeizieht. Diese Zeiten sind für einen Ölguss besonders geeignet, besagt eine alte ayurvedische Regel, die vermutlich von Doc Houtman in einem früheren Leben aufgestellt wurde. Doch ob sie nun stimmt oder nicht – wenn man auf der Liege den warmen Strahl des goldgelben Öls auf seiner Stirn fühlt, ist man bereit, alles zu glauben.

Von dort geht es zum Swimmingpool, um im Mittagslicht sein ölbedecktes Haupthaar trocknen zu lassen. Und vor dort zur nachmittäglichen Massage, bei der dann der ganze Restkörper in Öl getaucht wird. Alle paar Tage kommt der Doc vorbei, und wenn man Glück hat, wird die Dosis Kräutersud etwas erhöht.

Der Körper soll sich entgiften, daher gibt es keinen Alkohol, keine Zigaretten, und das Essen ist gemäß den Schwingungen der Delta-Scuti-Sterne gekocht. Je nachdem, ob man vom Typ her ein Zwergcepheide, ein Al-Velorium-Typ oder eine RR-Persönlichkeit ist, darf man von anderen Töpfen naschen. Wichtig ist bei allen eine geringe Metallizität. Und noch wichtiger: Nach dem Essen gibt es dann den Kräutersud.

Schönste Sternenuntergänge

32

Bei Jens und Edel auf Aldebaran

In einem Buch über Glücksorte sollte er nicht fehlen: der Ort, an dem man die schönsten Sternenuntergänge im ganzen Universum sehen kann. Es ist der Balkon von Jens und Edel auf Aldebaran, einem Roten Riesen, der im Sternbild Stier zu finden ist. Die beiden betreiben ein Hotel mit dem Namen „Sundowner" und bieten dort 28 Zimmer mit großen Panoramafensterscheiben an. Die Zimmer sind sehr individuell gestaltet, aber jedes Bett ist so positioniert, dass man beim Einschlafen einen direkten Blick ins Universum hat. Und auch die Duschen besitzen eine Glaswand, und wenn das warme Wasser über den Körper rieselt, während draußen gerade Einath oder Alkione den Horizont in ein Farbenmeer taucht, kann man das Einseifen leicht vergessen.

Der Stier hat mit Abstand die meisten Sterne aller Sternzeichen, insgesamt 131. Und so verwundert es kaum, dass alle paar Minuten ein anderer Sternenuntergang zu beobachten ist. An guten Tagen gehen manchmal drei Sterne gleichzeitig unter, und man weiß gar nicht, wo man hinsehen soll vor lauter goldenem oder rosa gefärbtem Himmel. Sehr gut schmeckt dazu ein Rosé, der in der Minibar der Zimmer immer vorrätig ist.

TIPP

Jens nach Weinlokalen auf den Nachbarsternen fragen.

Jens und Edel laden gerne ihre Hotelgäste auch mal privat zu sich ein. Die beiden sind Künstler, ihre Wohnung ist voll von Bildern, und manchmal hält Jens eine Lesung aus seinen Romanen ab. Danach laden sie auf ihren eigenen Balkon ein, und bei einem Gläschen Wein kann man dann auf einem der Hocker in den Himmel sehen.

Aldebaran selbst ist ziemlich hell, er hat etwa 125-mal so viel Leuchtkraft wie unsere Sonne. Man kann daher jederzeit abends in dem kleinen Restaurant, das dem Hotel angeschlossen ist, bei angenehmen Temperaturen sitzen und einen Tien Kuan oder Secunda Hyadum genießen. Vor den Mosquitos sollte man sich in Acht nehmen, denn bei so vielen Sternenuntergängen und Abenddämmerungen fühlen sich die kleinen Biester ziemlich wohl. Das Insektenspray, das auf den Tischen steht, sollte man rechtzeitig nutzen.

Wie ein Marsianer

33   Die Mark-Watney-Insel im Mädler-Krater

Wer sich einmal wie Robinson Crusoe oder Mark Watney fühlen möchte, hat es nicht weit: Einmal kurz zum Mars fliegen, in Arandas umsteigen und mit einem Shuttlebus zum Mädler-Krater düsen. Findige Geologen haben hier schon vor Jahren einige kleine Inseln aufgeschüttet und dann den Krater mit Wasser aufgefüllt. Ein paar Fischer bieten die Überfahrt an, und wer möchte, kann zu einer der völlig unbewohnten Insel fahren.

Weit abseits von allen anderen liegt etwa die Mark-Watney-Insel, die nach dem berühmten Marsfahrer benannt wurde. Die Überfahrt dorthin ist etwas rau, aber der warme Wind und die Aussicht auf ein paar Delfine oder fliegende Fische macht sie kurzweilig.

Das Fischerboot lässt den Reisenden in einer kleinen Bucht aussteigen, in der eine komfortable Hütte mit ein paar Anbauten steht. Wenn das Boot dann wegfährt, ist die Einsamkeit mit Händen zu greifen. Die Sonne spiegelt sich im See, der Strand glitzert, und vor der Hütte lädt eine Hängematte zu einem Schläfchen ein. Irgendwer hat eine Schaukel zwischen zwei Palmen gebaut, mit ihr kann man über den Sand und bis hin zum Wasser schaukeln. Nur die Wellen und ein paar Vögel sind zu hören.

TIPP

Mit den Fischern einen Rückholtermin ausmachen.

Wenn es Abend wird, kann man sich aus einem der Anbauten ein paar Bier holen und einen kleinen Grill aufbauen. Fisch liegt in einer Truhe mit Eisblöcken, dazu Reis oder Süßkartoffeln. Manchmal findet man auch ein paar große Garnelen darin oder scharf gewürzte Fleischstückchen. Für Veganer ist viel Gemüse gelagert, man kann es grillen oder sich ein Curry zubereiten.

Der See wird nachts nicht dunkel, sondern färbt sich in ungewöhnlichen Rottönen, die auch die Insel in ein ganz besonderes Licht tauchen. Schlafen kann man immer noch, denkt so mancher, und bleibt bis weit nach Mitternacht in seiner Hängematte.

Bevor wieder das Boot zum Abholen kommt, sollte man in einen der Türpfosten eine Kerbe für jeden dort verbrachten Tag einritzen. Robinson Crusoe tat es auch, bei ihm waren es am Ende 28 Jahre. Eigentlich ein schöner Gedanke, mag manchem durch den Kopf gehen. Oder wenigstens 28 Tage.

Picknick mit Caber-irgendwas

34 Die Winzer auf Delta Crateris

Wenn es ein Sternzeichen für Weingenießer gäbe, dann wäre sicherlich Delta Crateris sein hellster Stern. Man erreicht ihn bei voller Warp-Geschwindigkeit in 196 Jahren bequem von der Erde aus. Und da er eine sehr geringe Masse hat, lebt es sich dort leichtfüßig und, so könnte man fast sagen, spritzig heiter. Dies ist aber nicht nur der Schwerkraft zu verdanken, sondern vor allem den Winzern, die den Stern zu einem der größten Weinanbaugebiete in dieser Hemisphäre gemacht haben. Seit seiner Entdeckung durch Ptolemäus ziehen die sanften Täler, das milde Klima und das hervorragende Terroir Weinbauern aus aller Herren Galaxien an, die hier ihren Cabernet cosmolochiq oder den Spektralburgunder erzeugen.

Das ist natürlich ein Glücksort, meinten alle, und so brachen wir zu viert auf, um ihn zu erkunden. Kaum angelangt, begrüßte uns eine Weinkönigin mit einem Schoppenglas Riesling. Wir dankten und tranken brav aus. Ab ging es zum Winzer unseres Vertrauens, wo wir auch übernachten wollten. Wir wurden mit einem weiteren Schoppenglas begrüßt, diesmal Spektralburgunder – hat ziemlich viele Volumenprozent Alkohol, meinte die Dame des Hauses. Dann erhielten wir ein Picknickkörbchen, um erst mal die Gegend zu erkunden. Es gab nicht viel Gegend, aber vier Flaschen Caber-irgendwas im Körbchen. Und zu essen.

Danach legten wir uns hin. Abendessen. Der Winzer des Hauses kam gleich mal zu uns, damit wir seine Weine kennenlernen sollten. Er hatte viele Weine. Und viel zu erzählen. Der Abend war lang.

Zum Frühstück ein Glas Wein. Nein, sah nur so aus. Traubensaft. Aber mittags gab's Wein. Danach legten wir uns hin bis zum Abendessen. Einzige Gäste. Der Winzer kam zu uns an den Tisch. Langer Abend. Später kam der Senior noch dazu. Hatte auch viel zu erzählen. Ganz langer Abend.

Am nächsten Tag Termin mit dem Touristikamt. Sehr früh, voll verpasst. Dafür wieder ein Picknickkorb. Abends konzentrierten wir uns auf die edelsüßen Weine. Ups, da hatten wir ja noch zwei Termine verpasst. Hatten nachmittags geschlafen. Neuer Morgen. Wir reisten ab.

TIPP

Bei der Ernte helfen. Ist zwar schwierig im Raumanzug, soll aber Spaß machen. Jedenfalls nüchtern.

Galerie Kapteyn

35 Im Sternbild des Malers

Seit der beliebte Astronom Nicolas-Louis de Lacaille 1752 das Sternbild des Malers eingeführt hat, fristet es ein etwas unscheinbares Dasein am Südhimmel. Die Sterne dort haben noch nicht einmal eine Flamsteed-Bezeichnung. Sein hellster Stern ist ein weiß-blauer Unterriese, und sein zweithellster lässt sich dank einer dicken Staubscheibe nur tagsüber anfahren.

Vielleicht ist es gerade diese unscheinbare Lage, die dazu geführt hat, dass sich mitten im Sternbild auf Kapteyns Stern, einem Unterzwerg, einige der besten Galerien und Ateliers der südlichen Hemisphäre niedergelassen haben. Inzwischen gibt es auch eine regelmäßige Kunstmesse, bei der sich die Einkäufer der großen Museen und die Sammler moderner Kunst ein Stelldichein geben. Vielleicht liegt es auch daran, dass Kapteyns Stern mit 8,73 Bogensekunden pro Jahr eine ziemlich ordentliche Eigenbewegung vorlegt und das quirlige Volk der Künstler sich darauf ganz wohl fühlt.

TIPP

Nachgemachte
Caravaggios
kaufen.

Wer abseits von den bekannten Galerien auf Entdeckungstour geht, kann auf dem Stern viel entdecken. Hervorragende Künstler kurz vorm Hungertod findet man etwa am Münsterplatz in der Galerie von AB Pictoris - wenn man die Galerie denn findet. Ein Tipp: Man sollte nach einer Currybude suchen, in ihrem Hinterhof durch die linke vordere Tür eintreten und eine Holztreppe hochgehen.

In der Galerie riecht es nach Farbe und Kaffee, vorne sind die Bilder ausgestellt, hinten befinden sich die Ateliers. AB Pictoris nennt sich selbst einen „veränderlichen Künstler" und hat mit einigen anderen zusammen das „Manifest der irregulären Galaxie" ins Leben gerufen. Seine Frau Iota Pictoris ist der gute Geist der Galerie. Kaum angekommen, erhält man von ihr einen Kaffee, dann taucht man in die Kreativität des Ortes ein. Meistens arbeiten vier oder fünf Künstler gleichzeitig an ihren Werken, und alle sind ziemlich irregulär. Bleibt man lange genug, gibt es am Abend wieder mal eine Vernissage, und spätestens dann weiß man: Künstler kurz vorm Hungertod schmeißen die besten Partys in der ganzen Galaxie.

Der Wasserfall der Sterne

 36 ### Ein Ausflug nach Astralumina

Die Fahrt über den Dunklen Fluss nach Astralumina, einem etwas abseits gelegenen Stern im Sternzeichen der Laoten, ist spektakulär. An der Grenze steigt man in ein umgebautes Transport-Spaceshuttle, das seine besten Tage schon lange hinter sich hat, dann geht es gemächlich durch eine Urwaldlandschaft, vorbei an Sanddünen und verwachsenen Bäumen, von denen sich die Orchideen träge herunterwinden. Ab und an hört man in der Ferne die Rufe von Attraktor-Äffchen oder Shapley-Bären. Gegen Abend erreicht man ein kleines Dorf, in dem man bei Dunkelheit die Fluktuationen der kosmischen Hintergrundstrahlung sieht. Wer Glück hat, findet ein Bett, aber eine Matratze tut es auch. Am Morgen geht es weiter durch die grüne Unendlichkeit.

Astralumina selbst war früher einmal das Zentrum des Sternzeichens,

TIPP

Einen Tropfen vom Wasserfall mit nach Hause nehmen, vielleicht wird er dort zu einem Stern.

davon zeugen noch die eindrucksvollen Gebäude, an denen inzwischen jedoch die kosmische Inflation genagt hat. Man findet leicht eine Unterkunft, sollte aber darauf achten, dass sie einen großen Deckenventilator hat. Die Nächte sind heiß, und es kühlt auch am frühen Morgen nicht ab. Und man sollte früh aufstehen, wenn die stellaren Mönche in einer langen Prozession durch die Straßen ziehen und die Gläubigen ihnen Reis in ihre Schlüsseln schenken.

Das Kunsthandwerk in Astralumina ist berühmt, vor allem Holz und Seide werden auf hohem Niveau verarbeitet. Man sollte nicht nur auf der Hauptstraße suchen, gerade in den unscheinbaren Gässchen lassen sich wunderbar geschnitzte Tische aus Sunjajew-Holz oder Decken aus Seldowitsch-Seide erwerben.

Eines sollte man auf keinen Fall verpassen: die Wasserfälle der ungeborenen Sterne. Sie liegen mitten in einem Waldstück, das Wasser fällt über die Felsen von einer Klippe zur nächsten, bildet kleine Seen und stürzt noch tiefer, bis es schließlich in ein Flüsschen mündet, das im Grün verschwindet. Es heißt, dass jeder Tropfen die Seele eines Sternes sei, der darauf wartet, entzündet zu werden und als Sonne das Universum zu erleuchten.

Der Stern der Liebenden

Lyrik im Sternzeichen der Südlichen Krone

Coronae Australis ist ein Doppelsternsystem im Sternzeichen der Südlichen Krone. Als die beiden Sterne besiedelt wurden, gab es ziemlich viel zu bauen und offensichtlich auch zahlreiche Baukräne. Die Bauarbeiter hatten lange Tage und kurze Nächte, sie wohnten in Containern und konnten von ihren Liebsten nur träumen. Und eines Tages, als ein Kranführer in seine Kabine kletterte, entdeckte er, dass dort jemand mit einer Spraydose ein Gedicht aufgesprüht hatte. Er machte ein Foto und schickte es an ein paar Freunde.

Von dort fand es den Weg zu einem Professor, der ein großer Lyrikliebhaber war und dafür sorgte, dass es veröffentlicht wurde. Und es dauerte nicht lange, bis es im ganzen Universum bekannt war, Liebende schenkten es einander, und Einsame vergossen ein paar Tränen darüber.

TIPP

Mit „sie" am Ende der dritten Strophe ist nicht die Leiter gemeint.

Die Bauarbeiten waren noch nicht abgeschlossen, als schon die ersten Leser nach Coronae Aaustralis pilgerten und nachts, heimlich, auf den Baukran kletterten. Die Schwerkraft auf den beiden Sternen ist glücklicherweise so gering, dass nichts passierte, als sie sich von oben in die Tiefe warfen.

Schließlich baute man ein Haus der Gedichte neben den Baukran, ließ ihn einfach stehen und machte so die beiden Doppelsterne gleichzeitig zu einem Ort der Liebenden und einem der Lyriker. Jedes Jahr finden dort zahlreiche Lesungen statt, bei denen eine Jury die schönsten Liebesgedichte kürt. Und weil immer mehr Verliebte nachts heimlich auf den Baukran kletterten, verteilte man überall auf den beiden Sternen ein paar Nachbauten, sodass inzwischen genügend Baukräne für alle vorhanden sind.

Bei einem Besuch sollte man sich etwas Zeit nehmen, denn Coronae Australis bietet noch mehr als nur das Zentrum und die Kräne, etwa den Wald der Sonette, in dem Bäume alle Sonette von Shakespeare summen, oder den Fluss der langwährenden Liebe. Es heißt, wer darin zusammen badet, trennt sich nie wieder. Also aufpassen, mit wem man ins Wasser steigt!

Der Baukran

zitterte leicht, denn es war windig,
von Südosten her, ein Sommerwind,
abends, aber noch war es hell,
als wir ihn gemeinsam bestiegen.

Die Streben griffen sich fest, lagen
geschmeidig in der Hand, als wir
von einer zur nächsten uns hangelten,
ohne Halt für die Füße zu suchen,

denn wir stiegen nicht über die Leiter,
und wenn ich mich manchmal
mit einem leichten Ruck hochzog,
sie sanft an den Pfeiler sich drückte,

wir beide einander den Schweiß
ganz leicht hinuntertropfen ließen,
bis er mit einem fernen Klatschen
auftraf und wir schneller griffen,

fast wie in einem Wettstreit, doch
wenn sie kurz stürzte, hielt
ich sie und sie hielt mich,
wenn ich danebengriff, bis

wir schließlich zusammen,
es war schon dunkel, das Zittern
viel stärker, ganz oben waren, fast
in die Wolken greifen konnten,

und als wir dann von dort,
uns ansehend, ineinander gegriffen, uns
ganz leicht in die Tiefe gleiten ließen,
konnten wir fliegen.

Die 1000 Galaxien von Coma

Entspannung pur im Galaxienhaufen

Wer sich die archäologischen Stätten im Haar der Berenike angeschaut und danach viel Zeit zur Entspannung hat, sollte einen Ausflug in den Coma-Galaxienhaufen in Betracht ziehen. Er liegt etwa 3–5 Sternenwinkel entfernt und ist touristisch noch kaum erschlossen. Daher ist die Fahrt auch etwas mühsam: Man muss über Beta Comae Berenices anreisen, dort in einen Fernshuttle umsteigen und kommt dann auf ziemlich ungepflasterten Hubble-Konstanten nach Diadem, von wo aus es mit einer Art intergalaktischem Boot weitergeht.

Man sollte also Zeit mitbringen, aber die Reise lohnt sich. Die rund 1000 Galaxien werden von einem dünnen intergalaktischen Gas durchdrungen und gruppieren sich in übergeordneten Haufen rund um eine riesige elliptische Galaxie. Die Zahl ihrer Sterne lässt sich nicht ermessen, dauernd werden ein paar neue Galaxien entdeckt.

TIPP

Die Plastikstühle wackeln wirklich auf allen bewohnten Sternen dort.

Einige sind so heimelig, dass sie bewohnt sind und man dort auch ein paar Unterkünfte finden kann, so etwa in NGC 4874, einer weiteren elliptischen Galaxie vom Hubble-Typ cD. Man muss allerdings aufpassen, dass man nicht ins falsche intergalaktische Boot einsteigt: Die Galaxie ist rund zehnmal größer als die Milchstraße, und in ihrem Halo befinden sich rund 30.000 Kugelsternhaufen. Wer sich da verfliegt, braucht eine Weile, bis er wieder am rechten Fleck ist.

Auf einem der bewohnten Sterne angekommen, stehen ruhige Tage bevor. Es ist zum Trägewerden heiß auf allen, und so gibt es tagsüber kaum jemanden zu sehen. Wer Lust hat, kann zu einem Meteorstrom radeln und seine Füße hineinhalten, oder man leiht sich eine Angel und sieht dem Tag beim Vergehen zu.

Wenn die Hitze des Tages nachlässt, treffen sich die wenigen Reisenden in den kleinen Bars. Die Plastikstühle wackeln manchmal, aber wen kümmert das, wenn der Abend sich langsam ausbreitet und das Mondlicht sich im Strom spiegelt. Die Kellner sind abwesend, aber es ist in Ordnung. Man hat Zeit. Und vermutlich gibt es keinen Ort im Universum, an dem ein kaltes Bier besser schmeckt.

Mittelaltermarkt auf Aquila

Ein Trip in die Vergangenheit

Kaum war das Sternbild des Adlers, lateinisch Aquila, zur Besiedlung freigegeben, schon ließ sich eine Gruppe nieder, die fast ausschließlich aus Pfälzern bestand und in kurzer Zeit dort ihre Gepflogenheiten aus der Heimat kultivierte. Es entstanden kleine Städtchen und Dörfer, in deren Mittelpunkt oft ein Elwedritsche-Brunnen stand, im Umfeld wurden Weinberge angepflanzt und ein originalgetreuer Nachbau des Hambacher Schlosses erbaut. Am Wochenende strömen die Bewohner zu einem Fußballstadion, in dem die Heimmannschaft regelmäßig Siege feiern kann.

Ein Besuch lohnt sich vor allem im Herbst, wenn die Zeit der Weinfeste ansteht. An jeder zweiten Ecke findet man ein Büdchen, in dem der gute Rebensaft kredenzt und man rasch in ein heiteres Gespräch verwickelt wird. Wo man herkommt, will jemand wissen, ein anderer fragt nach der Gesundheit, und ein Dritter gibt Ratschläge für ein langes Leben. Die meisten dieser Ratschläge haben in der ein oder anderen Weise mit dem Genuss von Weinschorlen oder Riesling pur zu tun.

Bleibt man etwas länger, kann man bei der Weinlese helfen. Was sich nach Arbeit anhört, ist für die Pfälzer vor allem ein Vergnügen. Morgens geht es auf geschmückten Wagen hinaus, mittags gibt es Wurstbrote und Süßes, und wer es verträgt, kann auch schon den Federweißen probieren. Geschmacklich erinnert er an Traubensaft, von der Wirkung an besonders große Weinschorlen.

Ist die Erntezeit vorbei, findet auf Aquila der größte Mittelaltermarkt der ganzen Galaxie statt. Die Zelte von Handleserinnen werden neben großen Lagerfeuern aufgebaut, es wird gegrillt, und an den Ständen werden allerlei Tand und Töpferwaren zum Verkauf feilgeboten. Am Eingang des Marktes findet man ein Gedicht, das einer der ausgewanderten Pfälzer aus der Heimat mitbrachte und in das Eingangstor schnitt. Jeder Pfälzer, der es liest, lächelt und denkt an seine alte Heimat. Als Besucher sollte man im Vorübergehen auch lächeln. Um es zu verstehen, sollte man etwas Pfälzisch lernen, was bei Reisen im Universum ohnehin lohnend ist.

TIPP

Das sehr günstige Wörterbuch Pfälzisch-Deutsch erwerben.

De Leser

Wachsom war'er, un bundschegisch, Herr im
Hof,
de Haahn vun moine Eldere, un
er hod mich gehasst –
vierjäärisch, ball schon elderer Brurrer,
blass, so war isch, medd vel so korze Bää,
un jede Daach, morjens, owwends, medaks
muscht isch iwwer de Hof zum Plumsklo renne,
äämo quer und dosch die Pfitze vom Drakdor,
vebei am Mescht,
bis isch endlisch
di redende Deer erreischde.

Losgelof bin isch nor, wann isch dene Haahn net geseh hun.
Awwer kaum hun isch misch gesetzt, schun hod er gelauert,
gekräkst hod er mit hochgereckdem Hals,
e Blick, wie isch en nemmer geseh hun,
moi gonz Lewwe net, un Ferrere had er,
un immer vor de Deer erumstolziert.
Ufem Klo das Holz, isch wees es noch wie heit,
war gonz wormstichisch,
gestunge hods, no de gonz Vewandtschaft,
un noch no de Kii und de Wuzze dezu,
isch will net wisse, von wie veele Generazione.

Un Zeidunge hun dort immer geleh,
Zeidunge fa sich absewische, hard un gescheiert hun se,
alde Zeidunge, änzelne Blädder, uralde,
un moi Bobbes wars gonze Joor rod.
Isch hun dort gesess, gefonge, vezweifeld, midde im Gestonk.
Un dord wars, wo isch werklich se Lese gelernt hun.

Der Wald der Verwandlung

Zauberhafte Tage im Sternbild Waage

Die ersten Sternfahrer erwarteten allerlei magische Momente, als sie die fremden Sonnen und Planeten erreichten, merkwürdige Lebensformen, fremdartige Gewächse und unbekannte Gerüche. Tatsächlich konnten sie allerdings nur auf wenigen Himmelsobjekten etwas finden, das der menschlichen Vorstellungskraft ihre Grenzen zeigt. Einer dieser Orte ist der Silberwald auf Brachium, einem Roten Riesen im Sternzeichen der Waage. Den Stern erreicht man ohne größere Probleme, er ist gerade einmal 400 Lichtjahre entfernt. Allerdings ist es deutlich mühsamer, dann vom Landeplatz aus den Silberwald zu erreichen. Er liegt in einer abgelegenen Felsenlandschaft, in der kein Shuttle landen kann, man muss sich daher zu Fuß oder in einem der altertümlichen Autos, die mit Benzin betrieben werden, dorthin begeben.

TIPP

Ein paar Haarteppichknüpfer einsammeln, sind perfekte Geschenke.

Der Wald an sich ist von einer großen Schönheit. Nur Lebensformen, die einen silbernen Schimmer haben, gedeihen aufgrund der Bodenbeschaffenheit dort. Man findet zarte Panspermien, deren Haarteppichknüpfer wie Schmuckanhänger aussehen, oder Cosmic Ancestry, die in allen Silbertönen in der Sonne funkeln. Einige Chiralitäten haben Netze zwischen die Bäume gesponnen, sodass der Glitzer gespiegelt und gebrochen wird.

Geht man tiefer in den Wald, beginnen die Verwandlungen: Der Silberwald ist bekannt dafür, dass darin kein Lebewesen bleibt, wie es ist, und alle nach unbekannten Regeln verwandelt werden. Manche werden ganz zu anderen Tieren, bei manchen wird der Oberkörper durch etwas ersetzt, das sich nicht vorhersehen lässt. Kaum läuft man ein paar Schritte, schon wird man zu einer Lerche und fliegt zwischen den Blättern und Netzen. Oder man schaut in eine Quelle und verwandelt sich in einen Baum, dessen dünne Rinde den Wind ganz anders spüren lässt. Im Mittelpunkt des Silberwalds ist ein See, der im Schatten einiger Berge liegt. Trinkt man von dem Wasser oder benetzt man einen Baum damit, verwandelt sich alles zurück. Dann kann man den Wald verlassen, und es ist, als sei nichts geschehen.

Zu Besuch bei Bernhard

41 Mehr Pollux als Castor

Ob ich jemals auf Pollux gewesen sei, fragte Bernhard mich, während er bei einer seiner berühmten Lesungen im Café Alhena einen Schluck Kaffee zu sich nahm. Pollux sei nämlich der Allerschlimmste, und wenn ich nie auf Pollux gewesen sei, dann wisse ich auch nicht, was der allerschlimmste Stern sei. Er selbst habe es sich auch nicht vorstellen können, bevor er auf Pollux gekommen sei, aber kaum dort, habe er gewusst: Dies ist der allerschlimmste Stern im ganzen Universum! Er sei hingeflogen und habe wie alle gedacht, dass Pollux ein Kulturstern sei, ein galaktischer Kulturhauptstern, ein Zentrum der kulturellen Errungenschaften ganzer Galaxien.

Dann sei er angekommen, zur Kulturmeile gegangen, und es sei ihm schon auf dem Weg dorthin klar geworden, dass dies kein Kulturstern und schon gar kein Kulturhauptstern sei. Es sei vielmehr das Allerschlimmste und Allerletzte, was man sich vorstellen könne. Und die ganze Zeit, die er dort war, habe sein erstes Urteil bestätigt und bewahrheitet und Pollux habe sich jederzeit als ein Stern gezeigt, der kein Kulturstern sei.

TIPP

Der Fiaker-Kaffee ist die Spezialität im Café Alhena und fördert das Verständnis für die Lesungen.

Die Kulturmeile auf Pollux, erklärte er, sei beispielsweise ganz in der Hand von Menschen, die gar nicht wissen, was Kultur sei, und die intergalaktische Kultur gehe zu Recht zugrunde, wenn sie eine solche Meile solchen Menschen überlasse.

Wissen Sie überhaupt, so fragte er mich, was für Menschen sich in den Museen dort aufhalten? Wie sie mit schlurfendem Gang von Bild zu Bild gehen und zum Ausgang hin immer schneller schlurfen? Wie sie nur noch hinauswollen, wie sie Kunst schließlich schlurfend zunichtemachen wollen? Es ist, schloss er, die Kulturhölle, während er einen Schluck Kaffee trank.

Er lehnte sich zurück, um noch etwas Kaffee zu sich zu nehmen. Dann schwieg er einen Moment.

„Oder waren Sie schon einmal auf Castor? Castor", meinte er kopfschüttelnd, „ist noch viel schlimmer als Pollux."

Auf Alhena sollte man einen Besuch seiner Lesungen nicht versäumen.

Im Sternennebel

42 Wanderung mit Supernova

Treffen Supernovaüberreste auf ein paar interstellare Brocken, dann leuchten bekanntlich die abgestoßenen Gashüllen in allen Farben des Regenbogens und bilden herrliche Sternennebel, durch die sich tagelang wandern lässt. Vor allem, wenn sie ein solches Farbenspektrum haben wie der Krebsnebel M1. Er schmückt das Sternbild Stier und entstand aus einer Supernova, die im Jahre 1045 erstmals beobachtet wurde. Von der Erde ist er nur einen Klacks weit entfernt, 2000 Parsec müssen im Spaceshuttle zurückgelegt werden, und schon ist man mittendrin in einem Pulsarwindnebel, der im Weltall seinesgleichen sucht. Schon von Weitem sieht man die blauen, grünen und ganz außen auch gelblichen Schwaden durch den leeren Raum treiben und kann sich auf Dopplerverschiebungen und Stark-Effekte freuen.

TIPP

Steht schon im Text: Krebse im Dill-Kräutersud.

Eine schöne Wanderung führt durch die Spektrallinien-Klamm entlang der Radioquelle Taurus A. Am besten stellt man das Spaceshuttle am unteren Ende der Klamm ab und fährt mit öffentlichen Verkehrsmitteln ans obere Ende. Den Einstieg findet man leicht, er ist gut ausgeschildert, wie überhaupt die Klamm von örtlichen Wanderclubs hervorragend betreut wird. Sobald man die Radioquelle hört, wabern auch schon die ersten Schwaden durch die Bäume und färben die Szenerie mal lieblich, mal auch ein bisschen schaurig. Nun geht es leicht bergab, hin und wieder muss man sich am Geländer festhalten, aber meistens ist der Weg gut begehbar. Festes Schuhwerk empfiehlt sich trotzdem. Unterwegs gibt es viele Aussichtspunkte, das Highlight ist aber ohne Frage die verfallene Burg derer von Aerobee, einem ausgestorbenen Raumfahrergeschlecht, das die ersten röntgenastronomischen Beobachtungen des Nebels vornahm. Von der Burg hat man einen weiten Blick über die Nebel hinweg auf die grün erleuchteten Wolkenberge und das blaugrünlich schimmernde Tal.

Am Ende der Klamm befindet sich eine kleine Pension, in der man auch essen kann. Sehr zu empfehlen sind die Krebse, die dem Nebel seinen Namen gaben, gekocht in einem Dill-Kräutersud.

Selber graben!

43 Bei den Archäologen im Grabstichel

Von den ersten Raumfahrern gibt es viele Zeugnisse, ihre Routen sind gut erschlossen, viele ihrer Texte sind überliefert, und manche religiösen Splittergruppen sprechen sogar noch ihre Sprache. Die Faszination, die von ihnen ausgeht, ist ungebrochen, und das Weltallreich, das sie aufbauten, war seinerzeit das Zentrum von Zivilisation und Kultur. Nach ihrem Untergang versank die Hemisphäre für Jahrhunderte in ein dunkles Zeitalter, in dem ihr Wissen nur von wenigen weitergegeben wurde.

Ein Zentrum dieser Kultur lag im unscheinbaren Sternzeichen Grabstichel, das südlich vom Hasen und östlich des ausgedehnten Eridanus liegt. Sie gründeten hier eine Kolonie, von der aus der Südhimmel besiedelt werden sollte. Nach einer fürchterlichen Niederlage, bei der

TIPP

Grabungen in
der Regenzeit.
Ist wie Matsche-
pampespielen
für Große.

die gesamte fünfte Sternenflotte besiegt und zerstört wurde, beschränkten sie sich darauf, das Sternbild zu einem Handelsknoten zu entwickeln und so zu einem gedeihlichen Auskommen mit den kriegerischen Nachbarn zu kommen. Der Rest der Geschichte ist bekannt.

Seit vielen Jahren finden auf Alpha Caeli, dem hellsten Stern des Grabstichels, umfangreiche Grabungen statt, um die Zeugnisse der alten Kultur freizulegen und so etwas mehr über den Alltag der früheren Raumfahrer zu erforschen. Eine der Städte, die dabei freigelegt wurden, ist inzwischen zu einem Museum ausgebaut, in dem man erstaunliche Artefakte bewundern kann, etwa den rekonstruierten Raumhafen, an dem damals die schweren Raumfrachter aus allen Sternzeichen des Universums anlegten, um ihre Waren zu verkaufen.

Wer möchte, darf auch selbst bei den Grabungen helfen. In einem kleinen Waldstück kann jeder mit Helm und Schaufel ein paar Tage durch den Schlamm kriechen und kleine Mauerstücke freilegen. Wer Glück hat, findet vielleicht auch eine Münze oder den Knauf eines Schwerts. Behalten darf man solche Fundstücke nicht, aber dafür kann man sich ein Stück Raumzeitgeschichte im Museumsshop kaufen.

Karneval im Sternenmeer

44 Die Jecken auf Delta Velorum

Für jeden Sternenreisenden aus dem Rheinland ist es Pflicht: Einmal im Leben muss er auf Delta Velorum die vierte Jahreszeit feiern und mit anderen Narren um die beiden Doppelsterne ziehen. Dabei hat er die Auswahl: Der hellste der vier Sterne, Delta Velorum A, ist den Düsseldorfern vorbehalten, die ihn angeblich am 5. September 2017 als Erste gesehen haben und prompt Hoppeditz Stellarum nannten. Hier wird Helau gerufen und auf zahlreichen Sitzungen und Bällen dem Frohsinn zugesprochen. Höhepunkt ist der Tag der Alsephina, wenn die Mottowagen durch die Straßen fahren und die Kinder Sonnenkerne sammeln.

Auch auf Delta Velorum B ruft man Helau. Die Mainzer sind hier, die für sich beanspruchen, die Narretei erfunden und die schönsten Schunkellieder komponiert zu haben. Hier sitzt das Zweite Interstellare Fernsehen (ZIF), das die beliebte Sitzung „Velorum B bleibt Velorum B" weltallweit überträgt und Mainzer Schlager wie „Heile, heile Sternestaub" ins All getragen hat. Nur auf die Auftritte von Ernst N. muss man seit einer Entscheidung des ZIF-Rates für inklusives Narrentum verzichten.

Der zweite Doppelstern ist knapp 69 Bogensekunden entfernt und nicht ganz so prächtig. Hierhin wurden die Kölner und die Alemannen verbannt. Auf Delta Velorum C hört man Tag und Nacht ein kraftvolles „Kölle Alaaf", und wer nicht aufpasst, wird „gebützt". Neben dem üblichen Karnevalstrubel gibt es bei den Kölnern auch viel Comedy, etwa auf der alternativen Parallaxe-Sitzung, bei der gerne Themen aus der aktuellen Weltraumpolitik verhandelt werden oder man sich über den obersten Rat der katholischen Sternenflotte lustig macht. Bei den Alemannen heißt der Spaß Fastnacht und wird mithilfe altertümlicher Masken gefeiert. Da es auf Velorum Delta D kaum Schwerkraft gibt, ist hier der sogenannte Narrensprung sehr beliebt. Manch ein Narr soll dabei schon die Atmosphäre verlassen haben und versehentlich bei den Kölnern gelandet sein. Da wurde er halt erst mal gebützt.

TIPP

Nie Alaaf mit Helau verwechseln, sonst ist es aus mit dem Bützen.

Im Lustgarten des Rennewart

45 Flanieren auf Delta Capricorni

Wenn in den Tagen der Altvorderen einer der poetisch-zwielichtigen Barden, denen am Königshof das Lob dieser verfressenen Landesausbeuter oblag, sich der Lobhudelei doch zu sehr schämte oder ihn der ruchlose Arm der Langeweile packte, vertrieb er sich nicht von ungefähr gerne die Zeit mit dem, was man heute unter literarisch Gebildeten das Paladieren nennt, die schöne Übung, einen gefälligen Ort voller Natur mithilfe von viel Fantasieschmalz schreibend zu umgarnen, den Weinbergen im Süden, den Wäldern im Norden und den Flüssen mittendrin zu huldigen, und so auf unscheinbare Weise den eigentlichen Palast der Herrschenden, die gerne alles rundum als ihr Eigen und Häuschen ansehen, mit Lyrik und allerlei Schäferspielen zu beleben. Gewiss, dies waren meist nur Übungen mit flinker Zunge, Handgeklimper neben den großen, Bände füllenden Erzählungen vom Kämpfen und Lieben derer, die das Brot zum Essen und das Bett zum Übernachten dem Lobhudelnden ansonsten zum Gebrauch überließen, doch gelang es manchen dieser Schreiber auch, in diesen Spielereien, die als Frauentand abzutun sich sogenannte Adelige ahnungslos erlaubten, die weniger glücklichen, vielleicht sogar vermaledeiten oder wie behexten Aventuren derer zu schildern, die sich gerne für unverhexbar hielten.

Dem Größten unter ihnen, Rennewart von Rupertsecken, einem Waldgänger und Widerdenker, der der Fama nach die blauesten Augen und das strohigste Haar im weiten Gelände und ganzen Jahrhundert zur Schau trug, der nicht umsonst von manchem Ehegatten ein Haderlump und Siebenpfeiffer genannt wurde, ihm also zu Ehren schuf man auf Delta Capricorni einen kleinen Lustgarten, den zu besichtigen nicht nur jedem Freund altvorderer Sangeskunst anempfohlen sei, sondern ebenso den Connaisseuren dessen, was in den altiranisch-awestischen Sprachen pairi daeza, später Paradies und heute Lustgarten genannt wird.

Man erreicht diesen Ort ungetrübten Glücks allerdings schwerlich, er liegt etwas abseits der großen Reiserouten.

TIPP

Den Text ruhig zweimal lesen, das könnte helfen.

Glitzer unter Palmen

46   Der Weihnachtsmarkt von Erua

Seit die heiligen drei Könige den ersten Weihnachtsmarkt auf dem Stern von Bethlehem (SvB) eröffnet haben, entwickelte sich aus einem beschaulichen Volksvergnügen der mittlerweile größte und sicherlich romantischste Treffpunkt für die Adventszeit in der gesamten Milchstraße. Die kleine Supernova im Sternbild Haar der Berenike wurde von den dreien auf den geheimnisvollen Namen Erua getauft, ein alter chaldäischer oder babylonischer Name, der irgendwie mit der Geburt eines Heilands durch eine Jungfrau zusammenhängen soll.

Der Weihnachtsmarkt auf Erua verteilt sich über die ganze Supernova und hat je nach Klimazone einen ganz eigenen Charakter. An den beiden relativ kühlen Polen findet man eine Schlittschuhbahn und drumherum viele Buden mit Glühwein. Vor allem der kleine Stand von Olaf und Jürgen zieht die Besucher in seinen Bann. Man erkennt ihn an einem Schild mit der Aufschrift „Christmas Crime Department" und einem keck grinsenden Weihnachtsmann. Neben weißem Glühwein gibt es Brote mit selbst gemachten Leckereien, Gin auf Konjunktionsbasis oder selbst gemachten Eierlikör nach Art des Halley'schen Kometen. Die beiden haben zu Hause eine kleine Hühnerfarm, und der Likör schmeckt wie frisch geschlüpft.

Am Äquator von Erua lässt sich der Advent gut unter Palmen feiern. Der Weihnachtsmarkt unter dem Zodiakallichtkegel ist bei Vollmond schon seit einigen Jahren der Treffpunkt von jungen Travellern, die mit magischen Pilzen und bei lauter Musik auf ein Zeichen des Herrn warten. Bei einer guten Pilzernte soll schon so manches Zeichen erschienen sein. Wer es etwas ruhiger und gesetzter mag, kann im Cabbage and Christmas bummeln. Der Weihnachtsmann am Eingang dürfte manchen verblüffen – mehr wird nicht verraten. Drinnen gibt es unter der musikalischen Begleitung von Tetrabiblos-Spielern vor allem handgefertigte Produkte von Manufakturen aus dem Sternbild Haar der Berenike. Wie sollte es anders sein: Vor allem die Haarreife sind ein beliebtes Mitbringsel.

TIPP

Keine Kondome mitbringen, die gibt es im Cabbage and Condoms zum Nachtisch.

Einladung zum Bummeln

47

Wo Hipster ihre Brillen kaufen

Die Andromedagalaxie hat sich in den letzten Jahren immer mehr zu einem Szeneviertel entwickelt, in dem die Mieten hochgehen und die Einkaufsläden ungewöhnliche Namen tragen – der Gentrifizierung sei Dank! Vor allem rund um die Sterne der Spektralklasse O und B findet man am Samstagabend kaum noch Parkplätze, weil sich in den Restaurants und an den Schaufenstern die Hipster aus der Umgebung ein Stelldichein geben. Aber auch am Sonntag, wenn das Café Kugelstern und schräg gegenüber die „Zentralregion" zum Frühstück einladen, sieht man die Spaceshuttlefahrer suchend ihre Kreise ziehen.

Ein Bummel lohnt sich also, und wer mit der Straßenbahn kommt, steigt am besten am 10-kpc-Ring aus und schlendert Richtung Café Kugelstern. Auf dem Weg dorthin stößt man schon nach ein paar Metern auf „Das alte Halo", einen Secondhandladen, in dem man feuerfeste Raumanzüge von Giorgio Cassini ebenso findet wie Bademode aus dem Viralradius oder fast noch nagelneue ionisierte Oberhemden aus Silizium und Kohlenstoff. Etwas weiter sieht man am Wochenende oft eine Warteschlange. Das junge Label Far Ultraviolet Explorer hat hier seinen Stammsitz, und wenn die neuen Modelle eintreffen, ist der Andrang groß.

Für Modebewusste ist das Brillengeschäft von Mayall Telescope ein Muss. Die beiden Besitzer und die immer gut gelaunte Julia kennen die neusten Modelle, kaufen universumweit ein und beraten stilsicher bei der Wahl der richtigen Brille. Vor allem ihre Eigenkreationen sind sehr beliebt, man findet sie auf den Laufstegen der H-alpha-Linie ebenso wie bei den berühmten Pferderennen im chinesischen Sternzeichen des Pferdes. Sie zeichnen sich durch eine überraschende Farbgebung und ungewöhnliche Formen aus. Fast hat man den Eindruck, als wären sie auf das Gesicht gezeichnet, aber tatsächlich kann man sie problemlos in ihr Etui packen, wenn man schließlich im Café Kugelstern sitzt, die Hipster bei einem Stück Spiralarmstreusel mit Sahne beobachtet und zum Abschluss des Tages einen Espresso Gemini genießt.

TIPP

Ruhig auch mal die Nebengässchen besuchen. Hm, kein spannender Tipp. Beim nächsten wird's besser.

Zahlen für Fortgeschrittene

Das Mathematikum auf Elmuthalleth

Zu Ehren von Ptolemäus, der in der Antike die 48 klassischen Sternbilder beschrieb, wurde auf einem von ihnen ein ganz außergewöhnliches Museum errichtet: das Mathematikum auf dem Stern Elmuthalleth im Sternzeichen Dreieck. Es ist ein unscheinbarer Stern, an dem
man leicht vorbeifliegt, aber ein Besuch lohnt sich, vor allem während
der mathematischen Olympiade, die dort alle paar Sternenjahre ausgetragen wird.

Außergewöhnlich ist das Museum, weil es im n-dimensionalen Raum
errichtet wurde, wobei n gegen unendlich geht. Der Architekt hat dazu
auf einer Fläche, von der man nicht ausschließen kann, dass sie unendlich ist, einige Mauern errichtet, die sich nicht kreuzen. Diese Mauern sind allerdings nicht sichtbar, weil sie unglaublich dünn sind. Keine
von ihnen hat einen Anfang oder ein Ende, vermutlich weil sie
unendlich lang sind, vielleicht aber auch, weil sie sich ringförmig
in sich selbst schließen. Jeder Besucher erhält am Eingang eine
Fernbedienung mit einem Zufallsgenerator, der immer dann,
wenn der Knopf gedrückt wird, auf jeder Mauer genau einen
Stein auswählt und sichtbar macht. Was dann zu sehen ist, ist mögli-
cherweise der n-dimensionale Raum.

TIPP

Nein,
doch
nicht.

Dazu kommt, dass die Bewohner von Elmuthalleth durch eine geneti-
sche Mutation dreizehn Finger haben und daher nicht mit dem Dezi-
malsystem rechnen, sondern das Tredecimalsystem anwenden. Wer
hier 104 mit 718 multiplizieren muss, sollte über etwas Abstraktions-
vermögen verfügen.

Avatare verschiedener Mathematiker erläutern, was es mit den Hil-
bert'schen Problemen auf sich hat und wie sie gelöst wurden. Wer
selbst eine der Lösungen findet, darf sich eine Stunde lang mit einem
der Avatare im Café unterhalten.

„Ist Gott ein Mathematiker?", steht am Ausgang. Aber einen Ausgang
in einem n-dimensionalen Raum zu finden, ist gar nicht so einfach.
Vielleicht ist deshalb der Eintritt frei, oder wie einer im Gästebuch
schrieb: Er kostet Dich nur Deinen Verstand.

Topsy-Turvy-Galaxie

49 Mit dem Bus durch eine vergitterte Spiralgalaxie

Der Bus in die Topsy-Turvy-Galaxie wird um 16.00 Uhr abfahren, sagt der Chef der Busstation. Die Fahrgäste widersprechen, immer fahre er um 14.30 Uhr ab. Doch schon um kurz nach zwei steigt der Fahrer ein, und es geht los.

Zwei, drei Lichtjahre in knapp drei Stunden. Immer wieder vorbei an endlosen, wie mit einem Lineal gezogenen Vergitterungen, hinter denen sich Geröllwüsten mit verdorrten Kakteen und ab und an ein paar Spiralnebel zeigen. Die Übergänge sind meist so unscheinbar und allmählich, dass man sie nicht bemerkt, manchmal so abrupt, als seien da Kakteen, aber es ist nur der Nebel.

Die Topsy-Turvy-Galaxie wird zum einen wegen des Turvy-Strandes besucht, der sich allerdings schwer finden lässt und zu dem keiner den Weg kennt oder verrät. Kommt man doch an, sieht man die berühmten langen silbernen Fäden der Topsy-Quallen, die sich dort am Abend zwischen Meer und Land in einen Rausch aus Silber verwandeln. Die Hotels am Strand haben nur ein Zimmer, das, solange es nicht vermietet ist, als Rezeption dient.

TIPP

Ein Glücksort
ohne Ende.

Zum anderen liegt ganz in der Nähe NGC 1559, ein weiteres Deep-Sky-Objekt, das für seine Wüstenhäuser berühmt ist. In roten, verwitterten Bergzügen, die wie Wellen hintereinander gelagert sind, findet man weitläufige Kessel mit Schächten, in die die Wohnungen hineingeschlagen wurden. Die Felsgrottenzimmer sind angenehm temperiert, gemütlich eingerichtet, aber nur über hohe Leitern zu erreichen.

Auf dem Markt in der Nähe sieht man Nomaden, die ganz von einem schwarzen Schleier umwunden sind, der auch ihr Gesicht und ihre Füße vollkommen bedeckt. Sie wirken wie dunkle, schwarze Steine, die auf diesen Markt fielen und nun auf der Suche nach einem heiligeren Flecken Erde sind. Wenn ein Windstoß den Schleier trifft und die Falten verschiebt, wird aus dem Stein eine formbare Masse, wie ein Meteorit mit einem niedrigen Siedepunkt, der von innen her kalt glüht. Kommen sie näher, verliert man alle Maßstäbe, es lässt sich kein Alter, kein Schnitt des Gesichts, nicht einmal die Größe bestimmen, und es …

Peter-Stone-Memorial

Das Orakel der Weltraumesoteriker

Seine letzten Worte kennt fast jedes Kind: I go to another universe. Peter Stone ist der einzige Weltraumreisende, der von einem Kontakt mit einer außeruniversellen fremden Spezies berichtete. Er sollte im Auftrag der Föderation einige Halo-Sterne am Rand der Milchstraße begutachten, als er in einen gigantischen Sternenstrom geriet. Nachdem seine Basis monatelang nichts von ihm hörte, galt er als verschollen. Dann erreichte die Basisstation eine ganze Reihe von Botschaften, in denen er von einem Palast berichtete, von roten Vorhängen, einem Thron in Purpur und von einer dunklen Sonne. Bananenförmige Wesen würden sich in deren Schatten tummeln, die ihm, wenn er näher kam, etwas ins Ohr flüsterten.

Das Rettungsschiff kam zu spät, es konnte nur noch die letzten Meldungen von ihm auffangen. Er berichtet darin von einem Mann mit einem seltsamen Hut und zuletzt von einem Gnomen mit einer Krone, der zu einer Musik tanze, wie er sie nie zuvor gehört habe. Er sei, so schrieb er, überwältigt, und dann folgten die berühmten letzten Worte. Das Rettungsschiff fand zwar sein Raumschiff, aber sonst keine Anzeichen von ihm oder dem, was er beschrieben hatte.

TIPP

Die Band Yello vertonte die Ereignisse rund um Peter Stone. Sehr hörenswert.

Seither gilt Peter Stone vielen Weltraumesoterikern als eine Art Orakel, in dessen Worten sich geheime Botschaften finden lassen. Einige versuchten sogar, einen der Halo-Sterne mithilfe einer gigantischen Alufolie zu verdunkeln, um in seinem Schatten zu singen und zu tanzen. Leider schufen sie dabei ein Schwarzes Loch, in dem die Veranstaltung verschwand – zu dem tanzenden Gnomen, wie unverzüglich vermutet wurde.

Am Landeplatz des Raumschiffs wurde jedenfalls inzwischen zu seinen Ehren ein Memorial errichtet. Das Künstlerkollektiv Meier/Blank schuf ein Gnomdenkmal aus den Überresten des Raumschiffs und aus grünen Steinbrocken von 14 Halosternen. Einmal im Jahr treffen sich dort seine Anhänger, in der übrigen Zeit ist es ein stiller Ort, der wegen seiner Aussicht auf den Sternenstrom einen Besuch lohnt. Und wer weiß, vielleicht taucht eines Tages Peter Stone genau an dieser Stelle wieder auf.

Im Dauerregen

51 Der Pub auf Alpha Muscae

In seinem großartigen Roman „The Poor Muscae" erzählt Flann O'Bayer vom Leben auf diesem grünen, mit einer weiten und saftigen Landschaft gesegneten, aber völlig verregneten Stern, auf dem selbst die Kühe den Stall nicht verlassen wollen. Berühmt ist die Szene, als sein junger Held eines Tages aufwacht, die ärmliche Hütte verlässt und plötzlich erstarrt: Etwas ist an diesem Tag anders, er kann es sich erst nicht erklären, schnüffelt in der Luft und duckt sich wie vor einem unerklärlichen Phänomen. Dann kommt ihm plötzlich die Erkenntnis: Es regnet nicht! Doch kaum denkt er es, schon setzt ein satter Landregen ein und hüllt ihn wieder in wohlige Feuchtigkeit.

Wer den Stern besucht, muss gute Regenjacken und feste Stiefel mitbringen. Belohnt wird er von der sprichwörtlichen Gastfreundschaft

TIPP

Im Nachbarort gibt es einen gänzlich unbekannten Pub mit wesentlich besserem Bier.

seiner Bewohner und dem berühmten Frühstück nach Art der Uranometria. Da kann es leicht passieren, dass man von zwei, drei Pfannkuchen satt ist, aber die Platte mit pochierten Eiern, Honig aus Borealis, Kohlensack-Brötchen und vielen anderen Leckereien erst noch kommt. Wenn in den Tee dann ein paar Tröpfchen Dunkelwolke einschießen, klingt das unermüdliche Klopfen des Regens fast schon heimelig.

Die Straßen sind eng und oft sogar einspurig, sodass das Fahren und Reisen schon bald zu einer Entspannungsübung wird, bei der man sich auf einem Flow treiben lässt. Die Küste wäre spektakulär, wenn man durch den Regen und die Brandung etwas sehen könnte, aber dafür gibt es kleine Cottages zum Mieten, die mit Panoramafenstern einen eindrucksvollen Blick auf die Wassermassen erlauben, die vom Himmel stürzen.

Wer in dem kleinen Örtchen mit dem putzigen Namen NGC 4833 vorbeikommt, sollte es nicht versäumen, den berühmten Flann O'Bayer Original Pub zu besuchen. Die Fish and Chips schmecken so, als habe der Schriftsteller sie noch selbst ins Öl geworfen, und das Bier korrespondiert mit dem Regen auf eine ungewöhnlich harmonische Weise.

Kosmische Klänge

52

Jazz auf Bellatrix

Smooth Jazz von Jose y Orinonis, ein Bluessolo von Meissa Lurie oder eine Lounge-Version von Sven Hipparcos' Klassiker „Swing on, you little Emmisionsnebel" – der Kosmos klingt nach Fingerschnippen und sanftem Schwingen des Oberkörpers, wenn die Spacefähre von Bellatrix ablegt und ihre 250 Lichtjahre nach Beteigeuze zurücklegt. Kapitän Tillmann Brönnersen ist ein Jazzliebhaber und hat früher selbst in einigen Bands die Trompete geschwungen.

Ihm ist es zu verdanken, dass Bellatrix seine eher kriegerische und militaristische Vergangenheit inzwischen abgelegt hat und zu einem Zentrum für Jazzliebhaber geworden ist. Zum Nightfall-Club, den er mit einigen Freunden zusammen nebenberuflich betreibt, kommen die Größen der Szene und geben dort Konzerte, oft jammen sie zusammen, und es ist zumeist Musik vom Feinsten. Dietmar Ilgmann hat für die Aufnahme seines Livekonzerts dort den Golden Cosmic Sound Award erhalten, und „Bellatrix Breeze", mit dem jeder Auftritt beginnt, ist fast schon ein Gassenhauer unter Genießern des feinen Klangs.

TIPP

Keine Panik, wenn die Fähre im Rhythmus schwankt.

Am Morgen nach den Konzerten, wenn der Kaffee zu wirken beginnt und der nächste Auftritt irgendwo in der Milchstraße wartet, geht es dann auf die Fähre. Brönnersen, hauptberuflich Kapitän der Fähre, ist ein Nostalgiker und hat sein Schiffchen einem original norwegischen Seekutter nachgebaut, wie er einst von Oslo aus zu den Fjorden fuhr. In seiner Kajüte findet man sogar altes Seemannsgarn, mit dem er hin und wieder spinnt.

Und wenn der Kutter dann abhebt, beginnen die Fahrgäste zu klatschen. Keiner lässt sich lange bitten, es ist eine wunderbare Tradition, dass die Musiker das Konzert vom vergangenen Abend noch einmal unter dem roten Licht von Bellatrix erklingen lassen. Meist holt auch Brönnersen seine Trompete heraus und begleitet die musikalischen Freunde mit seinem unvergleichlich druckvollen Spiel. Sieht man dann für einen Augenblick ins leere Weltall, kann man den Sphären beim Klingen zusehen.

Kaffee und Dachwurzeln

53 Der Garten von Darths Vater

Ein Kleinod im Sternzeichen Widder: Wer gerade zwischen den beiden beliebten Sternen Hamal und Bharani unterwegs ist, sollte sich Zeit für einen Abstecher auf Sheratan nehmen. Es handelt sich um ein Doppelsternsystem, die beiden Sterne umkreisen in einer hübschen, extrem exzentrischen Bahn einen gemeinsamen Schwerpunkt.

Auf dem kleineren Stern hat sich vor einigen Jahren ein berühmter Mann niedergelassen: Der tatsächliche Vater von Darth Vader betreibt hier zusammen mit seiner Frau ein kleines Café, das in einem wunderhübschen Garten gelegen ist. Es liegt etwas abseits der üblichen Touristenwege, und die beiden Gastgeber haben meist viel Muße, um mit ihren Gästen zu sprechen. Al Skywalker erzählt dann gerne von seinen beruflichen Abenteuern, den Auseinandersetzungen in allerlei galaktischen Kriegen und Kämpfen, aber auch von seiner Zeit im Außendienst eines großen Spaceshuttle-Herstellers.

Seine Frau Chris-Shmi führt die Gäste durch den Garten, den sie mit ihrem grünen Daumen zu erstaunlicher Blütenpracht geführt hat. Fast zu jeder Pflanze weiß sie eine Geschichte zu erzählen, manche unscheinbare Dachwurzel eröffnet ein Panorama auf die Geschichte des gesamten Sternbildes. Man sollte sich Zeit nehmen, wenn sie zu erzählen beginnt, denn die Geschichte des Sternbildes ist lang, und die verwandtschaftlichen Beziehungen auf den Planeten sind kompliziert.

TIPP

Ruhig ein paar Flaschen Supernovaschnaps einkaufen. Er schmeckt zu Hause noch genauso gut.

Dazu gibt es Kaffee und Kuchen, aber man kann auch einige eher außergewöhnliche Leckereien entdecken. Selbst gebrauter alHamal-Likör ist nicht für jeden etwas, aber am Supernovaschnaps kommt keiner vorbei. Wenn man Glück hat, kann man mit Al in den Keller gehen. Wenn er gerade ein paar frische Supernovawurzeln ansetzt, ist der Raum so alkoholgeschwängert, dass man sein Spaceshuttle lieber stehen lassen sollte.

Wer geht, erhält immer ein kleines Geschenk. Mal einen Doppelsternsalat aus dem Garten, mal ein paar Teleskopäpfel und hin und wieder eine Dachwurzel. Wenn sie im eigenen Garten anwächst, kann man dann eine lange Geschichte erzählen.

Rahn schießt

54 Und der Ball ist im Netz

Seit die Fußballuniversumsmeisterschaften ausschließlich auf Alpha Reticuli im Sternzeichen Netz, früher Rhombus, ausgetragen werden, hat sich ein reger Fanbetrieb auf dem lichtstarken Stern entwickelt. Zu den Vorbereitungsspielen und vor allem den jährlich ausgetragenen Meisterschaften strömen Anhänger aus dem ganzen All und feiern mit ihren Mannschaften die Siege und manchmal auch die Niederlagen.

Wer etwas Zeit mitbringt und ein sporthistorisches Bewusstsein besitzt, sollte einen Ausflug auf den lichtschwachen Begleitstern von Alpha Reticuli einplanen. Er umkreist ihn in rund 60.000 Jahren, hat keinen eigenen Namen, aber dafür ein paar findige Marketingspezialisten. Ihre neuste Idee: historische Sportereignisse live nachspielen. Wer schon immer einmal beim ersten Wimbledon-Sieg von Boris Becker auf der Tribüne sitzen oder das letzte Autorennen von Michael Schumacher verfolgen wollte, kann sich hier einen Platz in der ersten Reihe sichern. Ob Mike Tyson und Cassius Clay, Michael Jordan oder Michael Schumacher, alle großen Stars der Sporthistorie treten auf und stehen natürlich auch für ein Autogramm zur Verfügung. Beim Rumble in the Jungle ist es stickig heiß, auf der zehnten Etappe der 84. Tour de France ist es beim Gipfelaufstieg von Jan Ullrich nach Arcalis eher etwas kühler.

Volle Stadien findet man auf dem kleinen Begleitstern jedoch vor allem bei den großen Fußballspielen, insbesondere bei den Endspielen diverser Weltmeisterschaften, wie sie zunächst auf der Erde, dann in der Milchstraße und zuletzt auf Alpha Reticuli ausgetragen wurden. Das Elfmeterschießen zwischen den Mannschaften der Großen und der Kleinen Magellanschen Wolke oder die beiden Tore in der Nachspielzeit der Sculptor-Galaxie beim Spiel gegen die Sombrerogalaxie begeistern noch immer die Fans. Das Spiel, das am längsten zurückliegt, fand auf der Erde statt: Weltmeisterschaft 1954, Deutschland gegen Ungarn. Noch sechs Minuten zu spielen. Rahn müsste schießen. Rahn schießt! Tor für …! Und der Ball ist im Netz!

TIPP

Das Spiel Kaiserslautern gegen Bayern München vom 20.10.1973 nicht verpassen.

Madonna singt

55 Like a virgin

Seit die Live-Aid-Konzerte zugunsten alter Galaxien ausschließlich auf Spica A im Sternbild Jungfrau ausgetragen werden, hat sich ein reger Fanbetrieb auf dem lichtstarken Stern entwickelt. Zu den Jugendkonzerten und vor allem den jährlich stattfindenden Großkonzerten strömen Anhänger aus dem ganzen All und feiern mit ihren Bands bei Sonne oder Regen, im Zelt oder im Matsch.

Wer etwas Zeit mitbringt und ein musikhistorisches Bewusstsein besitzt, sollte einen Ausflug auf den lichtschwachen Begleitstern Spica B einplanen. Er hat nur ein Zehntel der Leuchtkraft des Hauptsterns, aber dafür ein paar findige Marketingspezialisten. Ihre neuste Idee: historische Musikereignisse live nachspielen. Wer schon immer einmal bei Woodstock ein Pfeifchen rauchen oder Eminem beim Battle-Rap hören wollte, kann sich hier einen Platz in der ersten Reihe sichern. Ob Madonna oder Lady Gaga, The Smiths oder Udo Lindenberg, alle große und viele kleine Stars der Pophistorie treten auf und stehen natürlich auch für ein Autogramm zur Verfügung. Bei Bob Marley ist es karibig heiß, bei den Leningrad Cowboys eher etwas kühler.

TIPP

Bei Livekonzerten auf Zeitschleifen achten und sie weiträumig umgehen.

Volle Stadien findet man auf dem kleinen Begleitstern jedoch vor allem bei den großen Live-Aid-Konzerten, insbesondere bei den frühen Konzerten, wie sie zunächst auf der Erde, dann in der Milchstraße und zuletzt auf Spica A ausgetragen wurden. Das 12-Stunden-Event in der Bodes-Galaxie mit LINER Sy1.8 und der M81-Gruppe oder die stillen Momente beim Klavierkonzert von SAB(rs)cd in der Feuerradgalaxie bezaubern heute noch. Das Konzert, das am längsten zurückliegt, fand auf der Erde statt: die Beatles in Hamburg im Rotlichtviertel auf St. Pauli. Für Fans der Fabulous Four ist es zwar gewöhnungsbedürftig, zwischen Stripclubs und Drogendealern zu sehen, wie die Band sich mit Phenmetrazin wach hält, dafür schießt Rahn aus dem Hintergrund, und … – Moment mal: Irgendwie scheint sich hier etwas zu wiederholen?

Die Zentauren auf Muhlifain

56 Besuch auf der Farm von Cheiron

Wie es der Zufall so wollte: Als auf dem kleinen, beschaulichen Stern Muhlifain gleichzeitig eine Gruppe Touristen und eine kleine Herde mit Pferden zu einem Ausflug gebeamt wurden, ging etwas schief, und sie vermischten sie sich. Statt sonnenhungriger Ausflügler hier und gut gezähmter Reitpferde dort materialisierten sich einige Zentauren mit einem wunderschönen Pferderumpf und einem menschlichen Oberkörper. Die Reiseleitung war zunächst erschüttert, doch es stellte sich heraus, dass sich die Zentauren sehr wohlfühlten und ohne Zögern in die Steppe hinausgaloppierten. Man hörte einen Abschiedsgruß, dann waren sie weg.

Aus den ursprünglich vielleicht zehn Zentauren wurden im Lauf der Zeit mehrere größere Herden, die die Graslandschaft von Muhlifain durchstreifen und ein reges Sozialleben führen. Sie weigern sich zwar, Kontakt zu Menschen aufzunehmen. Aber einige Reiseveranstalter bieten Safaris an, bei denen man, natürlich zu Pferde, die Tierchen aus nächster Nähe beobachten kann – aus Datenschutzgründen dürfen allerdings keine Fotos gemacht werden.

TIPP

Augen auf beim Beamen!

Ein guter Ausgangspunkt ist die Farm von Cheiron. Man erhält eine kurze Einführung, und nach einer guten Reitstunde kommt man an ein Wäldchen, das die Reiter auf einem etwas rutschigen Pfad durchqueren. Dahinter beginnt die Steppe, und mit etwas Glück sieht man schon am Waldrand die ersten Zentauren grasen. Der Anblick ist gewöhnungsbedürftig, denn sie zupfen das Gras mit ihren Händen, indem sie den Oberkörper wie ein Pferd nach unten beugen, dann kauen sie es genussvoll. Am besten nimmt man zur Beobachtung ein Fernglas mit, denn wenn man zu nahe kommt, traben sie langsam, aber auf Distanz bedacht, davon.

Achtung: Manche Pferde der Farm sind etwas ungestüm, und wenn man kein erfahrener Reiter ist, können sie auch mal durchgehen. Die einheimischen Führer finden es komisch, aber wenn man selbst mit Galopp durch ein kleines Flüsschen rast oder am Ende über den Zaun der Farm springt, kann einem das Lachen vergehen. Größere Unfälle gab es aber wohl noch nicht.

Sternenbabys

57 Auf Fahrt mit der Gaia-Weltraumsonde

Sterne kommen, Sterne gehen, könnte man meinen. Tatsächlich ist es ein wenig komplizierter, sie beim Entstehen oder Vergehen zu beobachten. Neue Sterne wachsen für gewöhnlich dort, wo sich ziemlich viel kosmischer Staub und molekulares Gas herumtreibt, und beides versperrt die Sicht auf die kleinen Babysterne fast komplett. Mit Infrarotstrahlung kann man sich zwar ein bisschen Durchblick verschaffen, aber das ist eher etwas für theoretische Physiker.

Richtige Weltraumabenteurer können allerdings eine Fahrt auf der Gaia-Weltraumsonde buchen, die mithilfe von StarFormMapper-Energie mitten in die Kinderstube des Universums brausen und dort wunderbare Nahansichten von Molekülwolken (Globulen) ermöglichen kann. Vom Fenster aus sieht man, wie die Globulen allmählich dichter werden, ihre Temperatur steigt und schließlich mit einem Zisch der freie Kollaps zum Stillstand kommt – a star is born. Mit etwas Glück kann man während der Tour die Hayashi-Linie überschreiten und das sogenannte Wasserstoffbrennen beobachten. Für Fachleute: Die sterile Kernfusion von Wasserstoff zu Helium durch den Bethe-Weizsäcker-Zyklus setzt dann ein.

TIPP

Sehr schöne Fotomotive mit der Tourbegleiterin.

Die Weltraumsonde ist ziemlich beliebt, man trifft in der Kantine dort auf Reisende aus allen Winkeln des Kosmos. Start ist zumeist auf einer Akkretionsscheibe früh am Morgen. Es gibt etwas Tee zum Aufwärmen, und der Guide erklärt die Strecke. Nach einer etwas längeren Fahrt über die Ekliptik geht es in Materie-Jets Richtung Polarachsen, von dort zu Fuß zu den Herbig-Ae/Be-Sternen. Man sollte gutes Schuhwerk mitbringen, denn hin und wieder muss man auch einen blauen Nachzügler (blue straggler) überqueren. Übernachtet wird auf einem T-Tauri-Stern, auf dem es ein paar Hütten gibt, zwischen denen die Haustiere frei herumlaufen. Egal ob man drei oder vier Tage gebucht hat: Zuletzt besteigt man ein kleines Shuttle und lässt sich zur Chandrasekhar-Grenze treiben. Auf der anderen Seite sieht man zahlreiche Weiße und Schwarze Zwerge, die am Erlöschen sind. Der Kreis von Werden und Vergehen schließt sich dort.

Für Lavaschlangen

58 Tauchen lernen auf Alphard

Alphard ist ein ziemlich verschlafener Stern im Sternzeichen der Wasserschlange, sein Name kommt aus dem Arabischen und bedeutet „Der Alleinstehende". Immerhin hat er die 400-fache Leuchtkraft unserer Sonne und auf der Oberfläche eine Durchschnittstemperatur, bei der man rasch gut gebräunt wird. Zudem gibt es auf diesem orangeroten Riesenstern einige der schönsten Lavaströme in dieser Gegend des Universums. Für Taucher, die gerne mal einen etwas heißeren Tauchgang erleben möchten, ist es ein Paradies, und wer das Leben unter Lava erst lernen möchte, ist auf Alphard gut aufgehoben. Es gibt zahlreiche kleine Tauchschulen, die meisten werden von Aussteigern betrieben, die sich damit ihren Lebensunterhalt verdienen. Tagsüber geht es mit den Spaceshuttles zu den Vulkanen, abends wird zusammen gegrillt und über die Kommunikationsmöglichkeiten der modernen Welt geschimpft. Denn wer hier ist, möchte seine Ruhe haben.

TIPP

Der Zusatzkurs Lava-Tieftauchen setzt besonders viel Adrenalin frei.

Traumhaft schön ist vor allem der Vulkan Alpha Hydra, über dem meistens der optische Doppelstern von Alphard gut zu sehen ist. Man kommt dort nur hin, wenn man sich vorher angemeldet hat und eine der Tauchschulen den Transport organisiert. Spacetaxies scheuen den holprigen Weg, und man sieht einigen Raumschrott am Wegesrand liegen.

Direkt am Vulkan findet man acht bis zehn Hütten, vor denen die Tauchboote liegen. Die Kurse sind günstig, dafür muss man in Kauf nehmen, dass nicht immer nach Lehrbuch getaucht wird. Doch weil wenig Betrieb unter der Lava ist, kann man besondere Wesen entdecken. Vor allem die vielköpfige Hydra beeindruckt durch ihre Farbenpracht, neben der Epsilon Hydrae findet man mit etwas Glück auch die seltene Tau Hydrae, die immer als Paar auftritt, oder die 27 Hydrae, die es nur im Schwarm gibt.

Der Kurs dauert drei Tage, aber man sollte mehr Zeit einplanen. Wenn man genügend Zusatzkurse macht, ist man dann irgendwann sogar Ausbilder. Und kann eine eigene Tauchschule eröffnen. Weg kommt man sowieso nicht gut – nicht nur wegen der Spacetaxies.

Einzigartige Zeitreisen

59 Holterdiepolter durchs Wurmloch

Die Zeitreisen des umtriebigen Donnie Darko, die durch ein Wurmloch in der Nähe des rund 500 Lichtjahre entfernten Murzim führen, sind berühmt. Mit ihnen kann man rund 20 Jahre in die Zukunft und 80 in die Vergangenheit reisen, da fällt die Wahl schwer. Wo anfangen, wo aufhören? Wer sich nicht entscheiden kann, erhält zunächst eine Beratung durch die nette Frau Schmidt, die schon seit Jahren die Kunden betreut und immer die Zeit für ein Schwätzchen bei einer guten Tasse Kaffee findet. Soll es zum ersten Schultag gehen, zum ersten Kuss, zu einem Urlaub, der unvergesslich war? Oder möchte man wissen, ob man in ein paar Jahren endlich seinen Traumjob gefunden hat und sich den langersehnten Wunsch nach einem Häuschen auf Beteigeuze erfüllen konnte?

TIPP

Frau Schmidt ein paar Blümchen mitbringen und von mir grüßen. Dann gibt es einen Kaffee extra.

Frau Schmidt hilft bei der Entscheidung, und dann ist es endlich so weit. Mit einem Shuttle geht es zu einer kleinen kugelförmigen Koordinatensingularität, wo so mancher eine letzte Zigarette raucht oder noch einmal telefoniert. Kaum ist man im Wurmloch, wird es ziemlich rasant und manchmal ein bisschen holprig – robuste Kleidung und festes Schuhwerk empfehlen sich. Schon bald kommt man an die Einstein-Rosen-Brücke, hinter der sich das Wurmloch gabelt: Wer dem roten Pfeil folgt, kommt in die Zukunft, der blaue führt direkt zurück.

Egal wofür man sich entscheidet, man sollte den Ausblick auf sich wirken lassen. Auch bei Zeitreisen gilt: Der Weg ist das Ziel. So sieht man immer mal wieder plötzliche Zeitparadoxien, kleine Gravitationslinseneffekte lugen um die Ecke, und wenn man die Schwarzschild-Koordinaten hinter sich gelassen hat, kann man eine herrliche Aussicht auf die Krümmung der Raumzeit genießen. Am Ziel angelangt, kann man sich selbst einen ganzen Tag lang in einer anderen Zeitphase zusehen, dann geht es zurück zu Frau Schmidt. So also war das am ersten Schultag, denkt man. Oder dass es doch noch etwas dauern wird mit dem Häuschen. Frau Schmidt weiß, dass die meisten nun erst einmal eine Tasse Kaffee brauchen – und die gibt es bei ihr umsonst.

Das Überraschungsei

60 Ein Besuch auf Solaris

Solaris ist das Überraschungsei unter den Sternen. Man weiß nicht, was man bekommt, aber zum Spielen ist immer etwas dabei. Seit seiner Besiedlung durch diverse Regisseure, Schriftsteller, Komponisten und anderes kreatives Volk hat Solaris sich zu einer Künstlerkolonie entwickelt, die von Mythen umrankt ist. In den frühen Jahren gab es spektakuläre Partys, zu denen die Schickeria der gesamten Hemisphäre anreiste. Heute ist es ruhiger geworden, aber noch immer spuckt der Stern jedes Jahr Bücher, Gemälde und kreativen Unsinn aus, der für Überraschungen gut ist.

Im Zentrum der Künstlerkolonie liegt der See Stanislaw, der aus irgendwelchem Protoplasma besteht und sich direkten Zugang zum Unterbewusstsein der Bewohner und Besucher verschafft. Am besten mietet man sich in einer der Villen ein, die direkt an seinem Strand liegen. Viele von ihnen haben einen Swimmingpool, in den Protoplasma fließt, sodass man sich schon vor dem Frühstück etwas mit seinem Unterbewusstsein beschäftigen kann.

TIPP

Im Museums-shop gibt es günstig ein paar Requisiten aus Filmen von Andrei Tarkowski zu erwerben.

Sobald man in dem Protoplasma liegt, erschafft Solaris aus Erinnerungen oder Wünschen, Ängsten oder Träumen ziemlich greifbare Gebilde. Mal sind es eher surreale Gemälde, wie die berühmten Bilder von Antonio Blanco oder die Musik von Dai Fujikura. Mal schwimmen plötzlich alte Schulfreunde durch den Pool, oder ein Filmstar läuft vorbei. Es ist wie in einer Wunschmaschine, in der man wach und mit staunenden Augen liegt. Und das Schöne: Auf Solaris gibt es keine Albträume, alles ist von der tiefen Menschenfreundlichkeit des Sterns durchflossen. Verlässt man das Protoplasma, ist die Wunschmaschine wieder verschwunden – nur die Erinnerung daran bleibt.

Hat man genug in seinem Unterbewusstsein gegraben, kann man sich von einem der Spacetaxis in das berühmte Museum bringen lassen. Am Eingang wird man von einigen Vögeln begrüßt, drinnen sieht man viele der Gemälde, die seit der Besiedlung von Solaris entstanden sind. Manche sind nur für Erwachsene geeignet, aber alle sind, nun ja, wie es sich für ein Überraschungsei gehört.

Eintauchen in Blau

61   R136a1 und seine Ausstrahlung

Ein interstellar weitgereister Mann sagte einmal: Als der Prophet den Rausch verboten hat, vergaß er das Blau, den Himmel, das Trinken der Schönheit.

Womit wir beim Thema Schönheit in Bezug auf die stellaren Begleiter einsamer Nächte sind. Anders gefragt: Was ist Schönheit an sich und insbesondere im Hinblick auf Weltallphänomene, also etwa auf R136a1, den hellsten und massereichsten aller als stabil bekannten Sterne? Kann man von Schönheit sprechen, nur weil er dermaßen heiß ist, dass sein Licht so blau wie ein Gemälde von Yves Klein durch das Dunkel leuchtet?

Betrachten wir ein Paar, das an der Reling eines Spaceshuttles steht und in den Anblick von R136a1 versunken ist. Schön sind die beiden, aber immer halb unbewusst, immer kokettierend mit dem Wissen, dass das Überwerfen einer Jacke, das Entblößen ihrer Zähne, die nicht perfekt sind, den Betrachter mehr überwältigen kann als die blaue Blume der Romantik. Würden sie bewusst Vollkommenheit anstreben, wäre es dahin, doch sie sind keine Schauspieler der Schönheit.

Der Schauspieler braucht Publikum, um zu wirken, er agiert in der Rolle. Schönheit entsteht aber dann, wenn der unbeobachtete Beobachter sieht, dass ein perfekter Moment nicht für ihn, sondern zweckfrei entsteht. Zur Grazie wird es, wenn etwa das Paar sich dabei selbst zum Publikum wird und in einer Art Taumel der Eleganz von einer zur nächsten Stufe der Vollendung gelangt. Weiß dies das Paar? Denn eine nächste dieser Stufen ist es, aus Achtung vor dem Bewusstsein dieser plötzlichen Perfektion den Entschluss zu fassen, schön zu sein. Wenn man zu R136a1 reist, dann um die Reisenden in ihrem fragilen Kampf um solche Momente der Schönheit zu beobachten, denn unterwegs ist der Mensch viel ausgesetzter und eher bereit, sich zu präsentieren, und zwar sich selbst wie den anderen. Man verreist daher, um Reisende zu treffen und selbst einer zu sein, nicht weil die Sterne schön sind, sie sind bestenfalls erhaben und der weitgereiste Mann ein Mystiker. Ach, über Schönheit kann man nur schreiben, ohne verstanden zu werden.

Urknallsuppe mit Strudel

62 Exotisch essen mit Big-Bang-Feeling

Wer etwas Zeit hat, sollte sich einen Ausflug in die Galaxie GN-z11 gönnen. Sie ist zwar rund 13,4 Milliarden Lichtjahre von der Erde entfernt, aber seit Leony und Basty ihr Restaurant dort eröffnet haben ein beliebter Treffpunkt für Nachtschwärmer und Sternengucker. Die beiden Betreiber haben das Interieur mit viel Liebe zum Detail eingerichtet. Außerdem sorgen sie mithilfe eines unendlichen Unwahrscheinlichkeitsdrives dafür, dass jeden Abend die Einrichtung und die Belegschaft wechseln. Mal sieht die Theke wie der Platinwald von Sagittarius aus, mal wie das Labor von Dr. Genzel. Und oft sind sie selbst überrascht, wenn plötzlich kleine pelzige Wesen als Kellner auftauchen oder die Tische nach Art von Froschstern B eingedeckt werden.

Auch auf der Speisekarte sorgen die beiden immer wieder für Überraschungen. Ihre Urknallsuppe mit Strudel bitzelt auf der Zunge, die Sushi nach Art von Zaphod zergehen auf derselben. Ihr Restaurant ist jedoch vor allem für die Cocktails berühmt, die Basty aus allem mixt, was das Universum an Alkoholhaltigem hergibt. Wenn der Doppelmond über Ursa Minor Beta aufgeht, hält sich mancher ein Weinglas mit frischen Erdbeeren von Margarthea vor die Augen, um die Szenerie in ein tiefes Purpurrot zu tauchen, und ein anderer sieht tief in einen Sex on Megadodo, der in zwei Gläsern mit einer Brücke darüber serviert wird.

TIPP

Aus dem Panoramafenster links vorne hat man die schönste Aussicht.

Am schönsten ist allerdings der Blick aus den Panoramafenstern: Die Galaxie stammt aus den Kindertagen des Universums und leuchtet überraschend hell. Sie ist zwar recht klein, aber dafür produziert sie Sterne ohne Ende – und wer ein bisschen Glück hat, kann bei einem Whisky Alphazentauri dabei zusehen, wie ein knuddeliger kleiner Staubhaufen sich zweimal schüttelt und ein wunderbarer strahlender Stern entsteht. Dann fühlt man sich ganz winzig im Universum, aber doch gut aufgehoben, hier im Restaurant am Ende des Universums, gleich um die Ecke vom Big Bang.

Der Stern der Surrealisten

63 Farbexplosionen auf Wega

Zu den magischen Sternen gehört Wega im Sternzeichen der Leier. Wega ist einer der hellsten Sterne am Nordhimmel und galt den Astronomen schon vor seiner Besiedlung als wichtigster Himmelskörper nach der Sonne. Er ist etwa 25 Lichtjahre entfernt und damit genau richtig für einen Kurztrip. Denn sein bläulich-weißes Licht und seine Jugend – Wega ist gerade mal rund 450 Millionen Jahre alt – täuschen. Wie man inzwischen weiß, handelt es sich um einen veränderlichen Stern, der vor allem eine Eigenschaft hat: Er ruft bei seinen Besuchern Synästhesie hervor, also die Koppelung von zwei oder sogar mehreren Sinneseindrücken. Man sieht Klänge in den buntesten Farben, man hört Bewegungen oder sieht die Tage einer Woche wie auf einer Ellipse aufgereiht.

Besucht man Wega, sollte man sich daher auf einige Farbexplosionen einstellen. Kaum hat man das Spaceshuttle verlassen, schon beginnen die Vokale zu schimmern. An der Gepäckausgabe schwirrt ein weißes E vorbei, dahinter ein grünes U oder ein violettes P. Dreht man sich um, erklingt ein tiefes Brummen, legt man dazu den Kopf quer, pfeift es wie von einer Piccoloflöte. Für alle, die zum ersten Mal diesen Stern besuchen, gibt es kleine Kabinen, in die man sich nach der Ankunft legen kann, um den Ansturm der Wahrnehmungen zu erleichtern. Doch man gewöhnt sich bald daran, und wer etwas geschickter ist, kann jedes Gespräch in ein Gemälde von Jackson Pollock verwandeln oder einen Kandinsky in den Raum zaubern.

TIPP

Einfach mal „Quietscheentchen" sagen und sehen, was das Wort synästhetisch zu bieten hat.

Die eindrucksvolle Künstlerkolonie, die sich nach Arthur Rimbaud benannt hat, lohnt einen Besuch. Man kann dort eine Hütte mieten und den Sprachartisten bei ihrer Arbeit zusehen. Von der Terrasse aus sieht man, wie sie opalgrüne Flüsse in den Raum zaubern, Schiffe aus altem Holz darauf treiben lassen, darüber ein lilafarbener Himmel und hellblaue Sonnen. Wer früh aufsteht, kann sie bei einem morgendlichen Ommm-Gesang begleiten: Ein tieferes Blau gibt es im ganzen Universum nicht, manchmal formt sich aus dem Gesang sogar die blaue Blume der Romantik.

Dienswoch-Sam

64

Ein ganz besonders freier Tag

Alle nennen ihn nur Sam: Auf Deimos, einem der beiden Marsmonde, hat Paul „Sam" van Cherk vor einigen Jahren die Freizeitanlage „Marsmännchen 1" mit Shoppingcenter, Skipiste, Fallbeschleunigungs-Rotator und vielem anderen aufgebaut. Das Center ist vor allem bei Familien mit Kindern sehr beliebt, und so tollen die Kleinen meistens laut krächzend auf ausgedienten Marsrobotern herum und verschlingen Zirruswolkeneis. Hin und wieder kommt die bezaubernde Jeannie vorbei, oder ein paar Marsmännchen in bunten Kostümen verbreiten gute Laune.

Doch Sam bietet noch etwas ganz Besonderes an: Für jeden, der in Ruhe einen freien Tag genießen möchte, gibt es Dienswoch und Framstag – Sam hat einfach zwei Tage in die normale Woche geschaltet, die nur exklusiv zu buchen sind und die sich auch nicht jeder leisten kann. In dieser Zeit kann man in Ruhe schlendern, muss nicht anstehen und kann ganz allein eine Runde um einen der beiden Marsmonde drehen. Sehr beliebt sind die Tauchgänge kurz vor Sonnenuntergang, wenn die immer etwas hysterisch wirkenden Wolken sich rot und gelb färben und das Meer wie das Aftershave eines langgedienten Raumschiffkommandeurs riecht.

Am Dienswoch gibt es immer Sonderangebote im Spa-Bereich, das heißt Entspannung pur. Die Anwendungen sind sorgfältig ausgewählt, und ein gut ausgebildetes Team löst mit der berühmten Mars-Schlamm-Massage Verspannungen oder verschönt den Körper mit einer Rotationsachsen-Packung auf Marsvulkan-Grundlage. Für die Gesundheit ein Jungbrunnen.

Framstag ist dagegen Sporttag. Wer möchte, darf seinen Gleichgewichtssinn beim Joggen auf einem Marskrater trainieren oder ganz allein eine Runde auf dem Fallbeschleunigungs-Rotator drehen. Danach ist zwar die Frisur ruiniert, aber das Abendessen, wenn der Mars untergeht und die Sonne sich verabschiedet, schmeckt umso besser.

„Marsmännchen 1" ist eine moderne Anlage, aber durchaus auch der Tradition verbunden. Das Team ist sehr nett, und wer sich einen Framstag oder Dienswoch leisten möchte, fühlt sich exklusiv aus der Zeit gefallen.

TIPP

Auch bei den Friseuren muss man am Framstag keinen Termin buchen – falls die Frisur ruiniert ist.

Kuiperhirsch-Safari

65 Die Tierwelt auf Pluto erleben

Seit Pluto zu einem Zwergplaneten herabgestuft wurde, hat sich vor allem die Population der Kuiperhirsche erstaunlich gut erholt und gilt inzwischen als nicht mehr gefährdet. Inzwischen sind auch wieder Fotosafaris zu diesen nicht sehr scheuen und fast schon zutraulichen Wald- und Steppenbewohnern gestattet. Allerdings dürfen nur lizenzierte und gut ausgebildete Spacerangers die Besucher durch die Aphel-Steppe führen, in der auch einige durchaus gefährliche Tierarten ihr Habitat haben.

Eine typische Tour wird etwa von Aphel-Safari angeboten, bei der auch deutschsprachige Spacerangers arbeiten. Nach einer Fahrt mit dem Spacejeep zum ersten Camp geht es zu Fuß in die Steppe. Auf einer ziemlich exzentrischen Wanderung kann man mit etwas Glück Albedo-Löwen oder Ekliptik-Büffel sehen. Vor allem aber erlebt man eine fast unberührte Natur, in der das Gras anders riecht und die Farben heller leuchten. Selbst wenn Pluto von der Sonne gerade mal besonders weit entfernt ist und diese wie ein besserer Vollmond am Himmel steht, prickelt die Atmosphäre in allen Sinnen. Am Abend sitzt man dann um ein Lagerfeuer, und der Spaceranger erzählt Geschichten, die sich ein bisschen gruselig und ein bisschen wie die vom Klabauterastronauten anhören.

TIPP

Kuiperhirsch-
steak mit
Ekliptik-Büffel-
Mozzarella
schmeckt
so lala.

Auf jeden Fall fühlt man sich dann wie ein Abenteurer, und beim Zuhören glänzen die Augen.

Am nächsten Morgen geht es weiter zu den Wasserstellen der Kuiperhirsche. Der Pluto galt lange als entwichener Mond des Neptun, und die Bahnen der beiden kreuzen sich immer mal wieder. Dabei müssen die ersten Hirsche irgendwie den Planeten gewechselt haben, und obwohl der Pluto so viel kleiner ist, haben sie sich hier zu einer stattlichen Größe entwickelt. Wenn sie neben dem Spacejeep stehen, ihn manchmal ein wenig verfolgen oder die Jungen sogar versuchen, auf die Laderampe zu springen, spürt man, dass der Kosmos mit sich im Einklang ist. Und am Lagerfeuer erzählt man abends dann schon selbst Geschichten, die nach dem Schweiß tagelanger Steppenwanderungen klingen.

Götter und Schwäne

66 Sakrales auf Sadr

Zu den ersten Raumfahrern gehörten Pilger, die hinter der Radioquelle von Cygnus A etwas Heiliges vermuteten. Ihnen zu Ehren und obwohl man nie wieder eine Spur von ihnen fand, etablierte sich auf Sadr, dem zweithellsten Stern im Sternbild Schwan, die Sekte der Kappa-Cygniden. Zu ihren Überzeugungen gehörte es, dass alle Religionen verehrt werden müssen. Also wurden Tempel, Kirchen, Strohhütten und Waldlichtungen gebaut, auf denen abwechselnd Gott- und Götterfeste stattfanden. Da die meisten dem mönchischen Leben frönten, löste sich die Sekte aufgrund des fehlenden Nachwuchses fast vollständig auf, ihre Anlagen werden aber immer noch gerne bepilgert.

Die ganzen Dome, Kirchen und Moscheen, die Tempel und schintoistischen Schreine sollte man meiden, man findet Ähnliches auf jedem etwas älteren Stern, der keine eigene Landebahn hat. Lohnenswert ist allerdings der kleine Pilgerpfad zu den animistischen Religionen, der sich abseits in einer Tiefebene befindet. Die Sektenmitglieder, die dort ihre Feste feierten, hatten mit dem Nachwuchs überhaupt keine Probleme, und so finden dort noch immer allerlei mehr oder weniger dionysische und noch ältere Riten statt. Als Tourist wird man gerne gesehen, solange man nicht selbst allzu dionysisch wird.

TIPP

Wer beim Mysterium mitmachen möchte, sollte vorher aus der Kirche austreten.

Empfehlenswert ist eine Drei-Tage-Pilgerreise. Am ersten Tag besucht man die Glastänzer von Teshigawara. Unter lautsprecherverstärktem Klirren und Knirschen überqueren sie mit halb rituellen, halb desinteressierten Bewegungen eine nur vom Mond beschienene Lichtung, auf der Glasscherben liegen. Danach führt der Weg zu einem Feuerplatz, an dem sich die Gläubigen in Trance versetzen, bis sie sich in die Glut begeben und die Funken über alle Teilnehmer sprühen lassen. Das Innere des Sterns, so glaubt man für Momente, könne ergriffen werden. Und zuletzt folgt ein Tag zu Ehren des Gottes Dionysos. Er beginnt mit einer Theateraufführung und endet mit etwas, das man früher als unprotestantisches Verhalten bezeichnet hätte. Hier nennt man es Mysterium und hofft, den Gott in sich selbst zu finden.

Verstrudelte Gehirnchemie

Von Scream Queens und Untoten

Das Telefon klingelt durchdringend, der ganze Raum ist davon erfüllt.
„Hier Kommissar Stalker. Es ist alles gut, es geht Ihrer Frau gut." Die An-
spannung der letzten Stunden sackt weg, Wärme macht sich breit, überall,
im Raum, im Körper, im Hirn.
„Der Entführer ist allerdings mit dem Geld entkommen." Wir werden es
verkraften, auch wenn es wehtut. Wir werden wieder etwas aufbauen,
unsere Liebe wird etwas aufbauen.
„Und jetzt?", frage ich und erschrecke vor meiner Stimme.
„Bleiben Sie zu Hause, ein paar Kollegen kommen in Kürze vorbei."
„Und meine Frau?"
„Sie wird gerade befragt, dann kommt sie mit den Kollegen zu Ihnen."
Er legt auf, ich bin wieder mit mir selbst. Doch das Warten ist anders als
zuvor, heller und leichter. Auch wenn das Geld vermutlich für im-
mer weg ist.
Dann läutet es an der Tür. Was soll ich ihr sagen?
„Wir wurden angekündigt, wir bringen Ihre Frau, es geht ihr gut!"
Ein kurzer Blick.
„Das ist nicht meine Frau", höre ich mich sagen.
Die Beamten sehen sich an. Die Stille ist böse und kalt.
Sie sieht mich an, ihr Blick ist schneidend.
„Wir müssen jetzt gehen", sagen die Beamten und verschwinden.
„Sie können sie mitnehmen", rufe ich halblaut.
Sie drehen sich nicht einmal um.

So beginnt eine der vielen Geschichten, die man auf Fornacis im Sternbild Chemischer Ofen erleben kann. Der unscheinbare Stern ist für
seine Psychoabenteuer bekannt, in denen die Gehirnchemie so ver-
strudelt wird, dass man nicht mehr weiß, ob man noch in einer Paral-
lelwelt ist oder doch schon die eigene Frau entführt wurde.

Neben solchen Krimis gibt es auch Spionageevents und natürlich die
unvermeidlichen Horror- und Zombiewelten, die besonders bei Pu-
bertierenden beliebt sind. Wer schon immer einmal als Scream Queen
oder in einem Kaufhaus voller Untoter seine Freizeit verbringen wollte,
findet das passende Abenteuer ebenso, wie man am Ende doch auch
seine Frau findet. Nur das Geld ist weg.

TIPP

Dürfen
Beamte
einfach so
gehen?

Soziale Momente

68 Das Begegnungsprojekt auf Al Kurud

Die Taube ist ein unauffälliges Sternbild unterhalb des Hasen, vor einigen Jahren wurde dort jedoch eines der spannendsten Projekte im Antapex des Sonnensystems gestartet: die Begegnungsstätte für Minderheiten. Auf mehrere Gebäuden verteilt findet man die unterschiedlichsten Minderheiten des Universums mit jeweils einigen Vertretern versammelt. Die Bandbreite ist groß, sie reicht von sozialen Randgruppen über Mitglieder fast ausgestorbener Sternensysteme bis hin zu Opfern verschiedener Benachteiligungen. In jedem Gebäude findet man ganz unterschiedliche Minderheiten, sodass man durchaus an einem Tag viele unterschiedliche Erfahrungen machen kann.

Bevor man eintritt, erhält man einen Schnellkurs, um grundlegende Verhaltensweisen einzuüben. So darf und soll man die Minderheiten durchaus ansprechen, man kann auch von eigenen Erlebnissen berichten, allerdings ist Zuhören wichtiger als Mitreden. Es ist auch kein Problem, nachzufragen, um welche Art von Minderheitenerfahrung es sich handelt, da es manchmal nicht erkennbar ist und aus verständlichen Gründen keine Schautafeln aufgestellt wurden.

TIPP

Als Mitbringsel empfiehlt sich ein Sticker mit der Aufschrift „Erwachet".

Am Abend gibt es regelmäßig ein Essen an einem Lagerfeuer, bei dem man sich ganz ungezwungen unter die Minderheiten mischen kann. Falls man selbst bestimmte Seiten an sich ausleben möchte, ist dies ein guter Anlass, denn mancher erfährt erst durch die Gespräche mit den Gebäudebewohnern, dass er selbst auch in irgendeiner Form einer Minderheit angehört.

Am Sternehimmel sieht man währenddessen ein paar Runaway-Sterne und den Kugelsternhaufen NGC 1851, da kann die Nacht lang und das soziale Gewissen weit werden. Es ist ein etwas anderes Glück, ein warmes und gutes Gefühl davon, das Richtige zu tun.

Wer etwas Zeit mitbringt und nacheinander alle Gebäude besucht, erhält am Ende eine Zertifizierung als Minderheitenbegegner oder wird selbst als Minderheit anerkannt. Beides ist nützlich, wenn man Sterne besuchen möchte, deren Population fast ausgestorben ist.

Taxi auf Epsilon Eridani

69 Am Rand des Riesenvoids

Eng zusammengepfercht in der Louage, dem Wüstentaxi von Epsilon Eridani, sitzt man schweigend und eingeschläfert wie vor einem großen Fest. Wenn man morgens durch die Medina von Achernar gelaufen ist und sich an das träge Leben dort gewöhnt hat, ist man für die Fahrt eingestimmt. Durch die offenen Autofenster prallt die Hitze, warm bis zu den Knochen. Eine Kassette läuft, halb erotische, halb trancehafte Klänge, dazu das Motorengeräusch.

Auf der Straße sitzen Leute mit geschlossenen Augen, und auch der Fahrer scheint am Rande einer irisierenden Müdigkeit entlangzuschlittern. Kein anderes Auto, hin und wieder ein paar Kinder, die mitfahren wollen.

Plötzlich, zwischen den endlosen Reihen der Acamarbäume, ein Zaurak, hochaufgerichtet kauend, wie ein Baum, der sich verirrt hat. Mit einem Ruck gleitet die Fahrt in eine andere Zeit, in der Nomaden, Zauraks, Beemin, Karawanen die Straße in etwas verwandeln, das ein Ziel hat. Eine stillstehende Zeit in einem unveränderlichen Raum. Dann verdeckt ein Acamar den Zaurak, und die Kassette, die für einen Moment unhörbar war, erfüllt wieder die Louage.

TIPP
Ersatz-
glühbirne
mitbringen.

Am Abend erreicht man Beid, einen zum Meer hin offenen Hof, hell getünchte Haupthäuser mit weißen und blauen Mauern und bauchig geformten Durchbrüchen. Vor dem Hof liegt das Meer.

Tagsüber läuft man den Strand entlang oder fährt mit einem gemieteten Fahrrad ins Innere der Insel. Die Landschaft dort ist so, als würde man sie schon kennen, die Bäume und Sträucher haben nichts Ungewöhnliches, sondern wirken wie Erweiterungen bestimmter Bilder, die schon im Gedächtnis vorhanden sind.

Zurück im Beid wird man übertrieben laut begrüßt, aber schon schließt der Wirt das letzte Restaurant, im Zimmer ist die Glühbirne aus der Fassung gedreht, und man findet sein Bett nur im Lichtkegel der Straßenlaterne.

Aus dem Fenster sieht man den Riesenvoid, eine Milliarde Lichtjahre ausgedehnt, keinerlei Sterne, keine Galaxien, keine Schwarzen Löcher und noch nicht einmal Indizien für dunkle Materie. Und ist seltsam glücklich.

Wenn die Luft raus ist

70 Kreatives Auftanken auf Alpha Antliae

Mal ganz ehrlich: Manchmal ist die Luft raus, und man hat einfach keine Ideen mehr. Das geht großen Geistern so wie kleinen Lichtern und vor allem Autoren und anderem Kreativgelichter. Die einen nennen es Burnout, die anderen Schreibblockade, aber am Ende ist es dasselbe: die große Einfallslosigkeit. Das Sitzen vor einem vollen Schreibtisch mit einem leeren Kopf.

Ähnlich ging es dem französischen Astronomen Nicolas-Louis de Lacaille, als er nach dem Namen für ein unscheinbares Sternbild suchte, das gerade mal im Frühjahr ein paar Grad über dem Horizont steht und ansonsten nur einen einzigen Stern hat, dessen Helligkeit wenigstens die 4. Größenklasse erreicht. Der Rest wummert in Spektraltiefen herum, die bestenfalls durch ihr ansehnliches Orange den Sternenhimmel etwas bereichern. Und weil diesem Astronomen gar nichts mehr einfallen wollte, nannte er das Sternzeichen nach dem nächsten Gegenstand, der in seinem Zimmer lag: eine Luftpumpe. Seinerzeit waren diese Geräte noch dafür gedacht, Luft aus einem Behälter zu ziehen, um ein Vakuum zu erzeugen, und so verdankt das Sternzeichen seinen Namen irgendwie einem Nichts. Zum Glück fiel sein Blick nicht auf einen Kaffeevollautomaten, denn das wäre ein noch unpassenderer Name für ein Sternbild.

Wer nun auf die Idee kam, ausgerechnet dort ein Zentrum für kreatives Auftanken zu gründen, verfügt zweifellos über Humor. Nichtsdestotrotz: Die kleine, feine Anlage auf Alpha Antliae, dem hellsten Stern dort, besticht durch Ruhe und Gelassenheit. Man landet mit seiner Raumfähre auf einer Insel, wird von dort auf eine noch kleinere Insel gebracht und darf dann in einen Bungalow einziehen, der auf Stelzen mitten im Meer steht. Wer ein Burnout hat, ist dort bestens aufgehoben. Man töpfert ein wenig mit Ton, zeichnet ein paar Leinwände mit Kreide voll, und schon sieht der Tag wieder anders aus. Bei einer Schreibblockade empfiehlt sich der Ort besonders: Er lehrt, wie man aus nichts ein Etwas machen kann – also die große Kunst des Schreibens.

TIPP

Da fällt mir kein Tipp ein.

Die Glitzerstadt

71 Shopping all night long

Die Lichter der Großstadt – auf Sirius gehen sie nie aus. Der hellste Stern am Nachthimmel kennt keine Ruhepause, er pulsiert rund um die Uhr, und wer morgens um vier noch ein Hotel sucht, wird einen schläfrigen Nachtportier finden, der ihm eine Bleibe überlässt. Oder er stürzt sich direkt in einen der vielen Einkaufstempel, die auch um diese Zeit in allen Preislagen ihre Waren anbieten.

Rund um die Canis majoris, an deren oberem Ende auch das Vergnügungsviertel des Planeten ist, hat sich schon früh ein Markt für Besucher entwickelt. Doch wo früher in dunklen Seitenstraßen gefälschte Uhren oder Pässe angeboten wurden, findet man heute vor allem kosmologische Billigware von Sirius B oder anderen Weißen Zwergen. Immer wieder laufen Händler mit Bauchläden durch die Straßen und bieten quäkende Hölzer oder mechanische Derwische an, die den Tanz der drei Planeten ausführen.

TIPP

Ins 600. Stockwerk zu Fuß laufen. Dann schmeckt das Bier!

Etwas abseits liegt das MKB, das Mega Kosmos Business, eines der größten Kaufhäuser in diesem Teil der Hemisphäre. Auf 600 Stockwerken kann man Tage zubringen – und da in den beiden oberen 200 vor allem Restaurants untergebracht sind, muss man auch nicht verhungern.

Wer das Kleingeld für Luxus hat, fährt mit dem Schofför (die heißen hier so) direkt zum Sirius-Place. Dort findet man alle großen Marken, die den Traum von Seide und Kaschmir leben oder mit dem Duft von Metallizität und Sternenwind verzaubern.

Wer etwas Besonderes sucht und Geschmack für ungewöhnliche Designmodelle hat, sollte im Sirius-Plaza im Ostflügel in den vierten Stock fahren und nach Ejnar Hertzsprung fragen. In seinem Laden findet man Objekte, die von Kunsthandwerkern der nahegelegenen Sternbilder hergestellt wurden. Sehr eindrucksvoll sind etwa die Atomkernteller, deren Farbverlauf sich je nach Gericht verändert und von einem tiefen Pauli-Blau bis zu einem hellgelben Chandrasekhar changiert. Natürlich kann man sich auch alles nach Hause liefern lassen, was das Einkaufen erleichtert.

Große Erinnerungen

72 Das Museum der Raumfahrer

Der Merkur hat kein gutes Image. Vielen gilt er als der Planet der Händler und Banker, mit seinen vielen Hochhäusern und dem großen Messegelände ist er ein Symbol für die intergalaktische Finanzbranche und ihre riskanten Geschäfte. Doch wer einige Zeit hier lebt, lernt auch die andere Seite des Planeten kennen, seine quirlige und fast schon quecksilbrige Klugheit und eine Weltalloffenheit, die seit Generationen für intellektuelle Belebung sorgt. So ist es auch kein Zufall, dass man ausgerechnet hier das Museum der Weltraumfahrer findet. Anders als auf Alpha Pavonis liegt der Schwerpunkt auf der Schönheit, die die Sternenfahrer im Weltall suchten, ihrer romantischen Sehnsucht nach dem Anderen, nach den blauen Blumen von Beteigeuze, den verwinkelten Sternbahnen am Rande der Galaxie oder den Schleiern von Andromeda, in denen man sich verlieren oder auch finden konnte.

TIPP

Es gibt noch mehr so Gedichte, einfach mal im Verlag nachfragen.

Es sind nicht viele Besucher, die sich über die Vitrinen und Schaukästen beugen, aber es lohnt sich. Die Erstausgabe von Stanislaw Lems „Astronauci" findet man ebenso wie ein Manuskript von Philip K. Dicks „Do Androids Dream of Electric Sheep?". Die erweiterte Fassung des Drehbuchs von „Avatar", signiert von James Cameron, lässt sich mithilfe eines Roboterarms umblättern, und selbst die ganz alten Autoren werden gewürdigt, von Lukian, der in den „Wahren Geschichten" als Erster Mond- und Planetenreisen beschrieb, über Voltaire und E. T. A. Hoffmann bis zu Edgar Allan Poe.

Wenn man Glück hat, trifft man den Museumsdirektor selbst in den Ausstellungsräumen. Keiner kann so unterhaltsam von den Anfängen der Sternfahrerei erzählen wie er, und seine Erzählungen führen mitten in diese wundersame Zeit der vielen Anfänge.

Das Museum liegt ganz in der Nähe des Geburtshauses des ersten Menschen, der außerhalb der Erde geboren wurde. Das Vermögen, das er als Geschäftsmann auf dem Merkur verdiente, nutzte er zur Anfangsfinanzierung des Museums. Ein kleines Gedicht von ihm begrüßt die Besucher im Eingangsbereich.

Wir streifen als ein Licht
durch all die Weiten,
Die Euer Blick sich in
die Sterne legt,
Nachts, wenn Euch nichts
als Kälte trägt,
Im großen Schimmer
der Unendlichkeiten.

Melancholie im Universum

Stille Tage in Tau Persei

Wenn man denn einen Regentag braucht, um schöner zu seufzen, sollte man sich nach Tau Persei aufmachen. Nirgends im Universum nieselt es schöner als im Sternbild des Perseus, wo die Tropfen mal wie glänzende Feuerkugeln vom Himmel fallen, mal wie Tränen, dann wieder wie ein Strom von Sternschnuppen. Ist man im August dort, kann man am Himmel die Perseiden sehen, die den Regen in ein Licht wie aus bunten Glasscherben tauchen, und jeder Tropfen leuchtet anders in die Schwermütigkeit hinein.

Öffnet man ein Fenster, klingt von Ferne ein Tango oder ein Stück von Chopin, aber so, dass man es kaum hört. Geht man ein paar Schritte vor die Tür, kommt man zu einem Fluss, in den die Regentropfen elegisch und sanft eintauchen. Hin und wieder wird ein Fächer vorbeigeschwemmt, oder ein Handschuh treibt gemächlich vorbei. Ein Steg endet mitten im Fluss, unter einem Holzdach kann man verweilen und seiner Wehmut nachspüren.

Melancholie, wenn man ein Ziel erreicht hat, aber man selbst und das Ziel nicht mehr zusammengehören. Wenn man etwas Großes gedacht hat, doch nur verspielt, und jemand anderes ohne jeden Sinn für die Spielerei dieses Große angeht – eine Weile läuft man nebenher, dann spürt man, dass jedes Instrument anders klingt, wenn ein anderer es spielt. Warme, einhüllende Melancholie.

Zurück im Zimmer warten ein heißer Tee und einige Scones mit Clotted Cream. Im Fernseher wird ein Film über Rainer Maria Rilke und die Duineser Elegien gezeigt. Mit mutloser Stimme verliest ein Sprecher die fünfte Elegie, dann endet die Sendung, es gibt kein weiteres Programm.

Abends taucht irgendwoher eine Flasche Rotwein auf, später eine zweite. Etwas Brot und bittere Oliven, die sich kaum vom Kern lösen. Und so weiter. Nach spätestens drei Tagen ist man so sehr von seiner eigenen Melancholie gelangweilt, dass man sich auf den nächsten Arbeitstag freut und für das monotone Klopfen der Regentopfen keinerlei Sinn mehr hat. Und man ist wieder einfach so glücklich.

TIPP

Klopfende Regentropfen kann man für hausgemachte Melancholie auch streamen.

Beim Weihnachtsmann

 74 Das Röntgenloch im Sternbild Schwan

Man gelangt auf zwei Wegen zum berühmten Röntgenloch Cygnus X-1: über eine stark befahrene Spacebahn, auf der ein Shuttle aufs nächste folgt und man nur die Leitplanken vorbeirasen sieht. Oder man biegt etwa zwei Lichtjahre vorher auf einen Holzweg ab, der auf kaum einer Karte zu finden ist und scheinbar im Nichts verläuft. Tatsächlich aber führt er mitten durch das verwunschene Sternbild Schwan und eröffnet eine fast unberührte und menschenleere Sternentour. Wer sich hier begegnet, hält kurz für einen Plausch an, und wer niemandem begegnet, hält vielleicht auch nur an, weil sich ein Sternenbär im Gebüsch tummelt oder auf einem der Monde von Deneb oder Atair die Wälder rauschen. Das Röntgenloch selbst liegt zwischen den Bergen der Wega verborgen, und erst wenn man um eine letzte Kurve gefahren ist, taucht es glitzernd und türkisfarben wie aus dem Nichts auf. Seine Farbe verdankt es Sternenmehl, das von den Bergen hineingespült wurde und sich im Laufe der Jahrmillionen anreicherte. Wenn man sein Spaceshuttle abgestellt hat, kommt man zu einem kleinen Pfad, der um das Röntgenloch herum führt und wunderbare Ausblicke erlaubt. Die Spaceranger sorgen dafür, dass sich auch ältere Personen wohlfühlen.

TIPP

Wer ihn noch nicht entdeckt hat: Foto oben rechts! Muss man alles erklären?

Wer etwas jünger ist und sich fit genug fühlt, sollte den Louise-Webster-Weg nutzen, um zu einem Aussichtspunkt oberhalb des Lochs zu kommen. Louise Webster entdeckte das Röntgenloch und sorgte dafür, dass es für die Raumreisenden zugänglich gemacht wurde. Dieser Weg ist zwar steil, aber die Aussicht belohnt die Mühe: Zwischen saftig grünen Tannen strahlt das Türkis, dahinter die hohen, schneebedeckten Berge, ein Ort, dessen Anblick der Seele alle Kraft des Universums spendet.

Wer zufällig am 6. Dezember da ist, kann ein besonderes Schauspiel erleben: Die Spaceranger lassen dann ein Shuttle über die Berge gleiten, dessen Silhouette die Form eines Schlittens mit Nikolaus hat. Wer das ganze Jahr brav war, erhält auch ein paar Geschenke, heißt es.

Trödel im All

75 Der Flohmarkt auf dem Halleyschen Kometen

Designermöbel, Mode aus zweiter Hand von Apianus oder Palitzsch, Kitsch aus Beteigeuze, Gemälde von Künstlern, die niemand kennt – zum „Puces de Halley", dem schönsten Flohmarkt im Kosmos, strömen Sammler und Weltraumbummler von überallher. An den unzähligen Ständen findet man die Originalkleidung von Lieutenant Uhura ebenso wie kosmischen Staub in einer Glaskugel oder Ersatzteile für ausgemusterte Spaceshuttles.

Wer viel Zeit hat, kann sich treiben lassen, wer es eilig hat, sollte zunächst den „Puces de Perihel" aufsuchen, der ganz in der Nähe der Landestation beginnt. Er wurde schon Sternenzeit Irgendwann eröffnet und ist der älteste Flohmarkt auf dem Kometen. Mit über 3000 Ständen in 15 thematischen Bereichen dürfe er kosmisch gesehen auch der größte sein. Und vermutlich auch der vollste, denn über 11 Millionen Besucher kommen jedes Sonnenjahr hierher und sorgen dafür, dass kein Kleinod lange unentdeckt bleibt.

Der „Puces de Apehl" ist nicht nur dem Namen nach das Gegenstück dazu, sondern auch in seiner ganzen Anmutung. Hier findet man die Asienliebhaber, die nach Decken aus Asteroidenschweif, Buddhas von Hale-Bopp oder den seltenen Orchideen Ausschau halten, die auf den Eta-Aquariiden gedeihen. Die Stände sind entlang zweier Meteorströme auf dem Straßenboden aufgebaut und von Laternen beleuchtet, was der Szenerie einen pittoresken und entspannten Charakter verleiht.

Am Nachmittag, wenn man leicht erschöpft von den vielen Eindrücken ist, sollte man unbedingt einen Abstecher ins Café de Bondone machen. Hier kann man heute noch Weltraumphilosophen und Kosmosliteraten treffen, die bei einer Tasse Tee de Sartre oder einem Kakao Beauvoir ihre Streitgespräche führen und die neuesten intellektuellen Moden beschwören. Man spricht französisch, denn in keiner anderen Sprache lassen sich so elegant die Schönheit des Kosmos und seine Tiefe ergründen. Oder über die nächste Revolution nachdenken, dieser scheinbaren Rückwärtsbewegung von Himmelskörpern.

TIPP

Alle 75,3 Jahre kommt der Komet an der Erde vorbei – nicht verpassen!

Neujahr auf Polaris

76

Silvester mit Schneegarantie

Im Weltall ist an jedem Tag irgendwo Silvester oder Neujahr, aber nirgendwo kann man es so schön feiern wie auf Stella Polaris, dem Polarstern. Jeder kennt diesen hellsten Stern im Sternbild Kleiner Bär, aber nur wenige wissen, dass es dort eine sehr ausgeprägte Partyszene gibt. Von Technopartys über Country-Festivals bis zu romantischen Schlagerwettbewerben fehlt kaum etwas für Tanzbegeisterte. Und weil Polaris ein visueller Doppelstern ist, kann man auch zwei Tage hintereinander einen Start ins neue Jahr erleben.

Doch auf Polaris gibt es nicht nur eine große Partyszene, sondern auch viele ruhige und beschauliche Ecken. Auf den beiden Sternen liegt das ganze Jahr eine schöne, flauschige Schneedecke, immer wieder ist der Himmel voll von Schneeflocken, und man kann sich fühlen wie in einer Schneekugel, wenn man etwa mit einer Kutsche über die weiten Ebenen von Polaris AA fährt, dem Überriesen, der rund 200-mal heller als unsere Sonne ist – Schnee und Eis leuchten eben besonders ausdrucksstark.

Berühmt ist Polaris auch für seinen Eiswein, der in geschützten kleinen Tälern wächst. Roby und Balzy betreiben hier ein kleines Weingut, das sich auf die süßen Rieslinge spezialisiert hat und auch Übernachtungen mit Weinverkostungen anbietet. Hin und wieder schaut auch der Senior vorbei, der vor ein paar Jahren alles an seinen Sohn übergeben hat und gerne mal mit den Gästen ein Gläschen trinkt und aufs neue Jahr anstößt.

Die meisten Besucher sind auf Polaris nur über Neujahr zu Besuch. Doch es kann sich auch lohnen, länger zu bleiben und die vielen Angebot auf diesem pulsationsveränderlichen Stern zu nutzen. Vor allem, wenn man weiß, dass er voraussichtlich nur noch 12.000 Jahre lang auch der Nordstern sein wird. Dann übernimmt die Wega seinen Job, und die Partyszene wird sich verlagern. Es heißt also schnell sein!

TIPP

Jetzt schon auf der Wega reservieren, das erste Neujahr dort wird spektakulär.

Wut auf Dschubba

Glück und sein Gegenteil

„Glücksorte im Weltall", blaffte Per mich an. „Was soll das?"

„Jetzt mal halblang!", schnauzte ich zurück. „Was geht Sie denn das überhaupt an?"

Auf Dschubba im Sternzeichen Skorpion bietet Encke-Adventurs ein zweitägiges Glücksseminar an, dessen erster Teil darin besteht, dass man so richtig seine Wut auslebt, die anderen Teilnehmer anschreit und versucht, ihre Schwächen herauszufinden.

„Immerhin", setzte er fort, „könnte ich Ihr zukünftiger Leser sein. Und da lass ich mir nicht jeden Quatsch andrehen. Ich sage es Ihnen vorher: keine Tricks. Das ganze Marketing kann mir gestohlen bleiben. Ich will ein ordentliches Buch kaufen und lesen. Wahrscheinlich kann sich Ihr Verlag noch nicht einmal einen Lektor leisten!"

TIPP
Der Verlag hat natürlich einen Lektor engagiert, den besten!

„Na gut", erwiderte ich. „Aber um mein Buch zu erklären, müssen wir, wie Tom Waits so schön singt, go back all the way to the civil war."

Per sah mich verständnislos an.

Teil des Aggressionstrainings ist es, mithilfe von paradoxen Interventionen die Wut in unbekannte Bahnen zu lenken.

„Also doch ein historischer Roman?", fragte er. „Oder eine Familiensaga?"

„Soll ich ganz ehrlich sein?" erwiderte ich.

„Gerne", meinte er ahnungslos.

„Das Buch ist ohnehin nichts für Sie!", setzte ich ihm zu. „Und um es Ihnen verständlich zu machen, ist mir die Zeit zu schade!"

Er lachte höhnisch, und einer der Trainer trennte uns.

Höhnisches Lachen, erfährt man beim abendlichen Rückblick auf die zwischenmenschlichen Interaktionen, sei ein sicheres Zeichen dafür, dass ein ausreichend hohes Aggressionslevel erreicht sei. Danach komme meistens die Schlägerei, und so weit wolle man nun doch nicht gehen.

Am nächsten Tag werden die Teilnehmer getrennt. Jeder fährt auf eine andere Wiese und kann dort ein paar Stunden glücklich sein.

Am Abend meinte Per: „Die subtilste Form des Glücks ist die Abwesenheit."

Ich war verblüfft und erwiderte: „Das größte, wenn auch nicht subtilste Glück ist die Erfahrung, Objekt zu sein."

Wir lachten herzlich.

Paradiesisch helfen

Aktivistisch durchs All

Das Aussehen des Alls ändert sich, ach, schneller als das Herz eines Sterblichen, lautet das Motto von Paradies-Reisen, einem kleinen Reiseanbieter auf Alpha Apodis im Sternbild Paradiesvogel. Und weil aus diesem Grund das Paradies immer ein vergangenes und verlorenes ist, bietet man dort Touren zu einigen der gängigen Sternen- und Planeten-Katastrophen an. Vor Ort kann der Reisende dann aktiv helfen und das Glück genießen, er würde die Bewohner oder sogar ganze Sonnensysteme vor dem Untergang retten.

Das Programm ist vielfältig. Ganz in der Nähe auf Theta Apodis etwa ist eine Moosart vom Aussterben bedroht, die das Ökosystem mit Sauerstoff versorgt. Hier droht eine Überbevölkerung, dort ein Klimakollaps oder das Massensterben von Delfinen, ein paar Sternbilder weiter treibt ein fieser Virus sein Unwesen, und dann gibt es natürlich auch noch Despoten, Kriege und religiösen Fanatismus. Die Auswahl ist groß, und die Entscheidung für ein passendes Hilfsprogramm fällt schwer. Zum Glück berät Paradies-Reisen sehr individuell und persönlich.

Hat man seinen Katastrophenstern erreicht, hilft ein erfahrener Guide beim Hilfsprogramm. Auf Theta Apodis etwa stellt er den Kontakt zu einigen Aktivisten her, die gerade eine Demo organisieren. Im Fall despotischer Kriege vermittelt er den Aufenthalt in einem Schweigekloster, um dort mehrere Tage für den Frieden zu schweigen. Und sollte man den Wunsch verspüren, Delfine zu retten, kann man einen sehr entspannten Tauchurlaub mit vielen Begegnungen der Meeresbewohner arrangieren.

Für besonders engagierte Reisende empfiehlt sich ein Kombipaket, das drei oder vier verschiedene Sterne enthält. Man muss dafür zwar einige Mühen und vor allem längere Reisezeiten auf sich nehmen, dafür bringt man einen deutlich höheren Glücksfaktor mit nach Hause.

Und man lernt etwas Wichtiges: So wie Paradiese immer in der Vergangenheit liegen, finden Katastrophen immer erst in der Zukunft statt.

TIPP

Keine Ahnung, woher Paradies-Reisen ihr Motto gestohlen haben.

Alles Glück auf Erden

Wo man die Glücksorte findet

Nun, auf den vorletzten Seiten, liebe Leserin, lieber Leser, ist es Zeit für ein Geständnis: Nicht alle Glücksorte, die in diesem Büchlein beschrieben wurden, habe ich persönlich auch besucht. Doch mir ist trotzdem so, als seien mir die vielen Erlebnisse auf den Sternen, Planeten, in Meteoritenschwärmen, Sternbildern oder anderen Ecken des Universums nicht fremd, und wenn ich die Augen schließe, kann ich sie erleben. Das sollten auch Sie einmal versuchen.

Denn es gibt nach all den wundersamen Weltraumerlebnissen noch die geheimnisvollsten Glücksorte im ganzen Universum. Sie sind ganz in der Nähe, man kann seine Spacefähre in der Garage lassen, um sie zu besuchen. Finden kann man diese Orte in jeder Stadt und in vielen kleinen Orten, auch mal an unerwarteten Plätzen. Es gibt sie in Groß, sodass sie fast wie eine Kathedrale aussehen, aber auch in Klein, sodass oft nur zwei, drei Personen dort Platz finden. Sie tragen glücksversprechende Namen: Buchhandlung, Bibliothek, Stadtbücherei oder so ähnlich, und in vielen Sprachen auch etwas anders. Wer dort hingeht, findet den Schlüssel für alles: Man kann in Kürze das ganze Universum durchschreiten und dazu noch die geheimnisvolle Weite der Fantasie, man findet die künstlichen Paradiese ebenso wie die Bücher von Autoren, die uns ihr Wissen über die Schwerkraft, den Urknall oder den Anfang von allem ausbreiten. Man hat dort das sichere Gefühl, dass man nicht alle Sterne selbst besuchen und nicht jede Zeitreise auf eigene Gefahr unternehmen muss. Im Gegenteil: An diesen Orten stehen manchmal sogar Sessel, in die man sich setzen kann und innerhalb von Sekunden in einer anderen Welt ist. Manchmal kann man sich sogar einen Kaffee oder Tee dazu bestellen, ein paar Kekse knabbern und gleichzeitig auf Beteigeuze eine Zeitreise in eine Zukunft ohne Krieg, aber auch ohne Langeweile buchen.

Sie glauben das nicht? Dann gehen Sie doch einfach in einen dieser Buchorte und fragen Sie nach dem Restaurant am Ende des Universums. Sie werden erstaunt sein!

TIPP

Kauft mehr Bücher!

Reisen anders

80 Entspannung pur auf Stella Balconis

Wer viel reist, kennt das Kribbeln im Bauch, wenn das Reisebüro anruft und urplötzlich die Reise absagt. Überfüllte Raumschiffe, explodierende Supernovae, Wurmloch-Grippe oder ein wackeliger Vorderzahn beim Ersten Offizier – es gibt viele Gründe, aber nur ein Ergebnis: Koffer wieder auspacken und dann ins Bettchen für einen erweiterten Mittagsschlaf. Am schönsten ist es, wenn man den lieben Bekanntenkreis im Unklaren lässt und noch nicht einmal Besuch oder eine Essenseinladung bekommt.

Das Reisebüro Feriatum Domo kennt seine Kunden genau und hat seit Kurzem ein neues Angebot im Programm: Urlaub auf Stella Balconis. Der Prospekt verspricht leere Strände, alte Kultureinrichtungen und jede Menge Erlebnisse zwischen Bergsteigen und Lateinlernen.

Der Clou: Stella Balconis ist einer der wenigen Sterne in unserem überfüllten Universum, die überhaupt nicht existieren, und die Reise wird regelmäßig ein, zwei Tage vor Beginn abgesagt. Hat man die erwartbare Enttäuschung überwunden, bietet Feriatum Domo ein Rundum-sorglos-Paket. Es werden E-Mails mit Strandfotos an Verwandte und Freunde verschickt, man kann ein Videotelefonat mit kulturhistorisch wichtigem Hintergrund buchen, ein paar Tage ist man nicht erreichbar, damit sich alle Sorgen machen können, und zum Abschluss darf man eine Tablette schlucken, um einen echten Jetlag zu bekommen.

Um die Zeit auf Stella Balconis sinnvoll zu nutzen, sollte man vorher keinerlei Pläne machen, rät das Reisebüro. Am besten lebt man in den Tag hinein und treibt von Nichtstun zu Essengehen und wieder zurück. Wer es möchte, kann ein Sonnenstudio besuchen oder halt eben etwas Latein lernen. Wenn die Zeit vorbei ist und lästige Anrufer wissen möchten, wie es war, kann man auf seinen Jetlag verweisen und sie lässig abwimmeln. Lässt man sich dann wieder blicken, werden alle erstaunt sein: So entspannt ist noch niemand aus einem interstellaren Urlaub zurückgekehrt. So braun gebrannt. So voller Erlebnisse. Und vor allem: so schweigsam.

TIPP

Man kann die abgesagte Reise auch nutzen, um ein Buch zu schreiben.

Danke schön!

Herzlichen Dank an alle, die sich für Aufnahmen zur Verfügung stellten oder mich bei der Erkundung des Weltalls unterstützten. Dazu gehört nicht zuletzt Christoph Nettersheim, der das Abenteuer auf sich nahm, dieses Buch zu lektorieren. Und natürlich das erfahrene Team von Droste, das mir diesen Ausflug ermöglichte.

Vor allen anderen möchte ich Rita danken, die mich nicht nur beim Reisen begleitet.

Bibliografische Informationen der Deutschen Nationalbibliothek
Die Deutsche Nationalbibliothek verzeichnet diese Publikation in der Deutschen Nationalbibliografie; detaillierte bibliografische Daten sind im Internet über http://dnb.d-nb.de abrufbar.

© 2023 Droste Verlag GmbH, Düsseldorf
Konzeption/Satz: Droste Verlag, Düsseldorf
Einbandgestaltung und Illustrationen: Britta Rungwerth, Düsseldorf, unter Verwendung von Bildern von
© Fotolia.com: jd – photodesign.de; © iStock: Plociennik Robert
Fotos: Jürgen Kron, außer:
Rita Bothe: S. 54, S. 89, S. 158; Christel Kron: S. 65; Stefan Kron: S. 109; Annegret Oster: S. 61, S. 167; www.stock.adobe.com: S. 47 (luishaitzerfotos), S. 81, S. 85 (nuttawutnuy), S. 151 (mettus)

Druck und Bindung: LUC GmbH, Greven
ISBN 978-3-7700-2424-7

www.droste-verlag.de